世界のお金持ちがこっそり明かすお金が増える24の秘密

World's
Richest Reveals
24 Secrets
to Grow Rich.

サチン・チョードリー
Sachin Chowdhery

フォレスト出版

prologue

「どうしてあの人はお金に困らないのだろう？」
そんな風に思ったことはありませんか？

お金に困らないあの人と、あなたの違いはどこにあるのでしょう？

私は、これまでに、
１００億円以上の資産を持つ世界のお金持ちたちとたくさんの時間を過ごしてきました。

そして、彼らには、
私たちが知らないたくさんの秘密があることに気づきました。

本書では、世の中の99％の人が知らされていない、
お金持ちの秘密についてお話ししたいと思います。

あなたは、
いつも「お金がない」「お金がない」と言っていませんか？
「お金」について、こんな考えを持っていませんか？
「お金」「お金」と口に出すのははしたない。
お金持ちは、あくどいことをしているに決まっている。
「お金は欲しい」
だけど、口に出すのは恥ずかしい。
「はっ！」と思った方、お金は増えそうもありません。
マインドを変えましょう。

あなたが着ている服、持っている携帯電話、
今朝のモーニングコーヒー……、どれもお金がなければ買えません。
お金は必要です。大切です。
人生における「マスト（＝必須）」なものです。
お金が今よりももっとたくさんあれば、
人生は今よりももっと楽しくなります。
お金に困らない人生を送ることができれば、
1日1日がもっと満ち足りた日になります。
お金はあなたの人生を180度変えて、
幸せな時間で満たすオアシスなのです。

はじめに

introduction

こんにちは。サチン・チョードリーです。

もし、あなたが上手に歌いたいと思ったら、歌のうまい人に習いに行くでしょう。料理の腕を上げたいなら料理が上手な人に、絵がうまくなりたければ絵が上手な人に、教えを請うでしょう。

では、お金が欲しいと思ったら?

答えはシンプルです。**お金儲けが上手なお金持ちに聞きに行けばいい**のです。

私はこの10年で、１００億円以上の資産を持つ世界の大富豪、１００人以上と会い、「どうすれば、お金が増えるのか」、その秘密を直接、教えてもらいました。

本書では、**私が大富豪たちから学んできた「お金が増える秘密」をあますところなくシェアします**。「お金を増やすのは大変では？」という心配には及びません。

決して難しいことは書いていません。誰にでもできるシンプルなことばかりです。書いてあることを行動に移せば、お金に対する考え方が変わり、お金が入ってくるようになります。

大切なのは行動することです。

私自身、彼らの教え通りに行動することで人生を変えてきました。

ここで私のこれまでの人生を少しご紹介しましょう。

生まれたのはインドのニューデリーです。幼い頃、父親の仕事の関係で初来日。バブル期の東京で暮らしました。

帰国後も当時のきらびやかな印象が忘れられず、必死に日本語の勉強をして、1996年にまた日本にやってきました。

何とか、日本で身を立てたいと思い、営業の仕事に就きましたが、言葉の壁や習慣の違いがあり、うまくいきませんでした。「飛び込み営業で行った先では塩をまかれ、営業成績は最低。上司からは文化の違いからか、意地悪をされたこともあります。

そんな私を立ち直らせてくれたのが、**一時帰国したときに出会ったある印僑《いんきょう》**（外国で生活するインド人）**の大富豪**でした。

彼から、「ジュガール」という、いわばインド式の問題解決ソリューションを教わったことで、私の人生は大きく変わりました。

日本に戻るやいなや、「ジュガール」を実践し、営業成績4か月連続全国1位という快挙を成し遂げることができたのです。

（ジュガールについては、前著『大富豪インド人のビリオネア思考』に詳しく書きましたので、興味のある方は、ぜひ、お読みください。また、本書の読者の方限定で、前著の一部が読める特典をご用意しましたので、詳しくは巻末をご確認ください）

その後、独立し、母国インドはもちろん、日本でも実業家、国際コンサルタントとして仕事をしています。パナソニックやアクセンチュアなどの大企業の異文化経営・異文化戦略の指導にも携わっています。

同時に、世界レベルの経営者たちや大富豪たちと会って、彼らから多くを学んでいます。最初の頃は印僑の大富豪たちを中心にインタビューしました。印僑は、今、世界中で大活躍しています。

フォーブスの世界長者番付には印僑が42人もランクインしています。マッキンゼー、マスターカード、ペプシコ、モトローラ、アドビシステムズ、シティグループなど、有名企業のトップは印僑です。

彼らに話を聞くと「なるほど、印僑の大富豪たちは、だからお金持ちになれたのか」と思うような共通点がたくさんありました。

そのうちに私は、日本や世界の大富豪たちにもお会いするようになりました。不思議なことに、彼らも印僑の大富豪との共通点がたくさんありました。**お金を稼ぐのが上手な人たちには、国籍を問わず、共通する習慣やルールがあった**のです。

私は彼らからの学びを伝えるセミナーも開催しています。

大変光栄なことに、私の活動を日本のマスコミの方々が注目してくださり、テレビ東京「カンブリア宮殿」、日本テレビ「NEWS ZERO」「news every.」、フジテレビ「なかよしテレビ」、ＮＨＫ「探検バクモン」など、テレビ出演もたくさんさせていただきました。現在もオファーをいただいています。

では、早速、本書でどんなことを皆さんにお伝えするか、ご紹介していきます。本書では「お金とどう向き合えばいいか」「お金をたくさん持っている人はどんな習慣を身に付けているか」など、いろいろな内容を盛り込んでいます。

中心を貫くのは、私が**世界中の大富豪たちから直接学んできたこと**です。私が彼らを手本に実践し、実際に成果を上げたことばかりです。

すべてはお金持ちが実践している「お金が増える秘密の方法」につながっています。


「今300万円の収入があるけれど、あと100万円増やせたらいいのに」

「今まで専業主婦だったけれど、少しお金を稼いで、家計の足しにしたい」

「大金持ちにならなくてもいいから、小金持ちくらいにはなりたい」

「収入を今の倍にしたい」


人それぞれ、お金についていろいろな願いを持っているでしょう。

本書に書いてあることを理解し、愚直に実践するならば、「お金を増やしたい」という、あらゆる希望が叶うはずです。

本書には、試行錯誤を繰り返しながらお金を増やしてきた人たちの、実体験に基づく成功法則が凝縮されているからです。

本書では、次の流れで「お金が増える」方法をお伝えしていきます。

●chapter 1

お金に対するマインドの違いが、お金持ちとそうではない人を分けています。大富豪と会うようになって、真っ先に学んだことです。お金持ちに共通しているのは「お金は大事なもの」というとらえ方です。お金との向き合い方をお伝えします。

●chapter 2

成功している人に共通するのは「自分の才能を見いだし、生かしている」ことです。誰もが必ず自分の中に輝くような「才能」を持っています。ここでは、才能を見いだす方法や、人の成長を止める「不安」からの抜け出し方などについてご紹介します。

●chapter 3

お金を増やすときにもっとも役立つもの、それは人脈です。私のビジネスでも、もっとも大切にしているものです。人脈作りの大切さや、具体的な人脈作りの方法、人の気持ちをつかむ会話術についてお教えします。

●chapter 4

お金持ちは、共通した行動習慣を身に付けています。軸となるのは、「トリプルS」、つまり、スピード（速さ）、ストラテジー（戦略）、スマート（賢さ、知恵）です。お金持ちの習慣を知り、行動を変えることこそが、お金持ちへの第一歩です。

●chapter 5

お金を増やすコツは、ムダな経費を抑え、今持っているお金を有効活用することです。どうやってムダを省き、どう増やせばいいのか、具体的な日常のアクションについて指南します。

さあ、「お金が増える秘密の方法」を学び、人生を変えていきましょう。

サチン・チョードリー

contents

世界のお金持ちがこっそり明かす　お金が増える24の秘密

contents

chapter 2

お金の不安から抜け出す一番の方法は「才能を生かす」こと

contents

chapter 3

もっともハイリターンな投資先は「人脈」

contents

chapter 4

お金持ちが身に付けている習慣

chapter 5

お金持ちになるお金の貯め方、使い方、管理の仕方

カバーデザイン／重原 隆
本文デザイン・DTP／斎藤 充（クロロス）
編集協力／藤吉 豊、小川真理子（クロロス）

chapter 1

お金に対する
メンタルブロックを外す
「お金は“悪”ではない」

Secret 01

大富豪たちはこうもお金の考え方が違う

!
日本人はお金を〝悪〟だと思っている

仕事やセミナーで多くの日本人と接する中で、「お金がなかなか増えない」と言っている人の共通点を発見しました。

ひとつはお金に対する意識（＝マインド）です。印僑（外国に住むインド人）の大富豪たちとは大きく異なっています。お金の増えない日本人に共通していること、それは、**お金を〝悪〟だと思っている点です。**

お金を増やしたいと思うなら、最初にするべきは、お金に対するマインドを変えることです。日本人は世界の人たちから尊敬されている素晴らしい国民です。私も大好きです。一方で、私が「惜しいな」と思うのが、お金についての考え方です。

ときどき「日本人はお金について悪いイメージを持ちすぎている」と感じることがあります。次のようなフレーズを耳にしたときです。

「あの人、いつも〝お金〟〝お金〟って、お金のことばっかり話して欲が深い」
「お金持ちは、絶対に裏で何か悪いことをやっている」

お金やお金持ちに対するネガティブな考え方です。お金を嫌っているようにさえ聞こえます。人間関係において、「誰かを嫌いに思っていると、その人からも嫌われる」ということはよくありますね。お金も同じです。

お金を嫌っていると、お金から嫌われて、決してお金持ちにはなれません。

逆に言うと、**お金を好きになれば、お金が集まってくる**ということです。

「もったいない」という気持ちを持つことや、清貧《せいひん》であることを美徳とする日本の文化は大変素晴らしいと思います。

日本的な「節約」の観念と、印僑の大富豪のお金についての考え方を合わせれば、日本人にはもっともっとお金が集まってきて、どんどんお金持ちが増えるでしょう。

だから、「惜しい！」と思うのです。

！ 印僑のお金持ちは「お金は大事！」と子どもに何度も教える

さまざまな原因があるのでしょうが、キーになるのは、日本の「子ども時代の教育」だと思います。

「誰が触ったかわからない。お金を触ったら、必ず手をきれいに洗いなさい！」

「ほら、テレビを見て。またお金持ちが逮捕された。お金がありすぎるとロクな人間にならないものよ」

こんな風に言われた経験はありませんか？　子ども時代に植えつけられた固定観念

によって、日本人は「お金＝悪」だと決めつけがちなのです。

では、印僑はどうか。

印僑の子どもたちは、小さい頃から、「お金は大事！」と教えられます。

お母さんたちは、小さな子どもにこう言って聞かせます。

「ほら、あのお金持ちを見なさい。あの人は投資をして財を成したのよ。すごいわね」

「あの人は日本でビジネスをして成功したの。お前もああいう風になりなさい」

親がこう話すのは、インドの歴史に一因があると思います。

インドは1700年頃、GDPが世界一でした。その後、イギリスの植民地になったことで、急激に経済が衰退してしまったのです。だから、歴史的に見てもお金のありがたさが骨身に染みている。健康な人が健康を失うと初めて健康のありがたみがわかるように、お金も失ってみて初めてそのありがたみがわかるのです。

インドが見栄を張る社会であることもお金を大切にする理由のひとつです。

日本では「見栄っ張り」は敬遠されがちですが、インドでは推奨されています。

「隣の家はスズキの車を買ったみたいだね。よしっ！　じゃあ、うちはもっとお金を儲けてトヨタを買わなくちゃ」

といった具合に、日常生活の中でも、しばしばお金の話になります。

家族のだんらんで子どもたちが楽しむのは、モノポリーや億万長者ゲームです。

家庭でこうした教育を受けるので、インドの子どもたちは「将来はお金をたくさん稼ごう」と考えます。

だからこそ、世界中で印僑が大活躍できているのだと思います。

子どもの頃に植えつけられた固定観念は将来を左右します。もし、誤った固定観念だと自分で気づいたのなら、変えればよいのです。

今、印僑の知恵を借り、その勢いから多くを学べば、お金が増えるスピードが速まります。特にお金を稼ぐ素質が高い日本人であれば、瞬く間にお金を増やせると思います。そのためにやるべきことは、「お金は悪」という固定観念を払拭《ふっしょく》することです。

日本は「お金＝悪」と教えがち

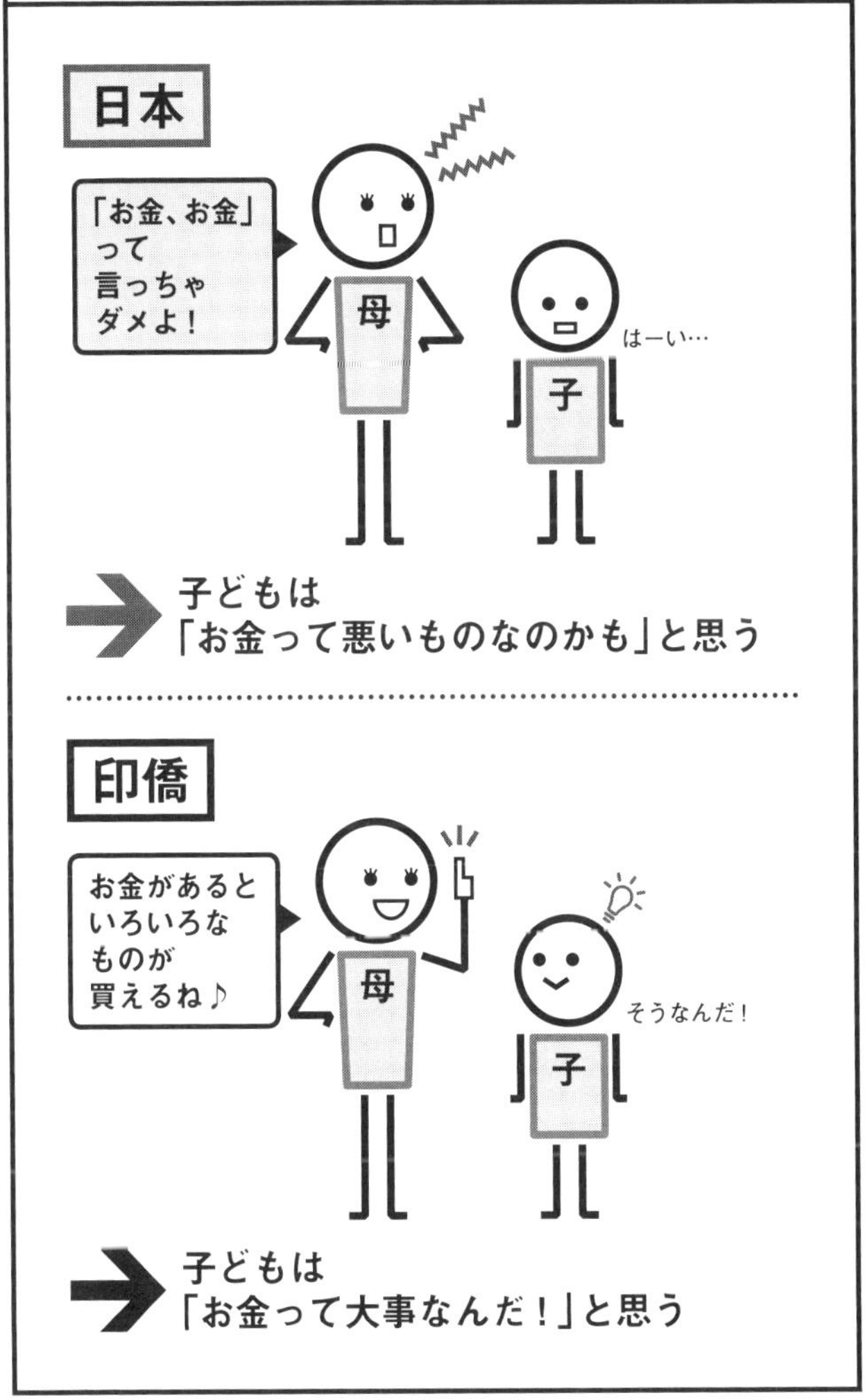

Secret 02

お金は人生を楽しくする

! お金を欲しがるのは健全な欲求

そもそも、お金は本当に「悪いもの」なのでしょうか?

「お金がなくても、愛さえあれば、結婚生活はやっていける」と言う人がいます。でも、実際は、離婚の理由の第1位は、「生活費を入れない」「過度の借金」(「弁護士ドットコム」調べ)など、お金がないことによるものです。

結婚に愛は大切です(私も実感しています)。同様にお金も不可欠なのです。

日本人の自殺の原因の第2位は「経済・生活」問題(警察庁調べ)です。

誤解を恐れずに言うならば、**「お金＝悪」ではなく、「お金がないこと＝悪いことを生む」**ではないでしょうか。そして**「お金があること＝楽しい人生」**なのです。

なぜならば、**お金は欲しいものを手に入れるために不可欠なものだから**です。

お金があるから、おいしいものが食べられる。

お金があるから、友だちと飲みに行ける。

お金があるから、いろいろな楽しいことができるのです。

私が初めてアルバイトをして、そのお金で洋服を買ったとき、「楽しい」と思いました。**「お金って楽しいものなんだ」**と実感しました。誰にでも、そう思った経験はあるでしょう。

初任給で両親に何か買ってあげたとき、自分を誇りに思ったはずです。

貯金をはたいて彼女や彼に何かプレゼントしたとき、ワクワクしたはずです。

お金は、自分の物欲を満たすためだけのものではありません。

たとえば、「世界一周の旅に出よう」「医学部を出て医者になろう」といった目標や夢を叶えるためにも、お金は必要です。

災害時に人を助けるには「義援金」が、海外に小学校を建てたりする際には「寄付金」が欠かせません。何をするにもお金は要ります。

お金は決して悪いものではありません。楽しく、いいものです。**お金を欲しがることは、いけないことではないし、決して恥ずかしがることではありません。むしろ健全な欲求**なのです。大切なことですから、もう一度言います。

お金を欲しがることは健全な欲求です。堂々と「お金が欲しい」と言いましょう。

! 多くの人を喜ばせているからお金持ちになる

「お金持ちは、絶対に裏で何か悪いことをやっている」というのも、間違った固定観念です。むしろ、お金持ちはいいことをしている場合がほとんどです。

フォーブスの世界長者番付の常連、ビル・ゲイツは世界中にパソコンやインターネットを普及させて、人々の生活を一新させました。

日本の億万長者の稲盛和夫氏は、経営破たんした日本航空をわずか2年で営業利益2000億円の会社に再生させました。

もちろん、詐欺まがいのことをしてお金を儲けている人は別です。

それ以外のお金持ちたちは、多くの人に喜ばれることをして、お金を儲けています。

誰かのために、あるいは社会のために、価値あることをし、その対価としてお金をたくさん得ているのです。


「お金持ちは絶対に裏で何か悪いことをやっている」

「お金があるとロクな人間にはならない」

というのは、根も葉もない固定観念です。

お金持ちになるのは、決して悪いことではありません。

Secret 03

お金を増やすには自信が不可欠

! 自分に自信を持てば、お金は増やせる

「お金＝〝悪〟」という固定観念に加え、「自信がない」ことも、「お金がなかなか増えない」人の共通点だと思います。**お金を増やすのに「自信」は不可欠です。**

お金を増やそうと思うなら、自己投資を含む〝投資〟が必要です。でも、自信がなければ、リスクを取ることができず、思い切った投資ができません。

私のビジネスパートナーは、ある事業に対して「1000万円投資します。なくなっても惜しくないです」と笑いながら言いました。

彼はおそらく、お金を失うことへの恐怖ではなく、事業が成功する喜び、つまり、「リターン」にフォーカスできているんです。加えて、**「お金がなくなっても、また働けば稼げる」という自信を持っている**のでしょう。

だから、リスクが取れるのです。

もちろん、リスクを取らないほうがいい場合もあります。

養うべき家族がいるのに、全財産を投資するようなリスクは冒すべきではありません。リターンがあまりにも小さいのに、リスクが大きすぎるときは、わざわざリスクを取ることもないでしょう。

リスクとリターンのバランスをよく見極める必要があります。

ただ、前に進むにも、撤退するにも、自信が必要です。

自信がなければ、いろいろな人に会って新しい人脈を作ろうともしないでしょう。

chapter 3で詳しく説明しますが、**お金は人脈構築によって何倍にも増やすことができます。**

日本は、文化的に気遣いが繊細で、デリカシーがあります。慎み深く、マナーも素晴らしい。特に、ホテルに泊まったり、レストランで食事をしたりすると、日本人のホスピタリティーのレベルの高さに驚きます。

ただ、子どもに関しては、謙虚すぎることがマイナスに働いているように思います。たとえば、「あなたのお子さんはいい子ですね」と子どもを褒めると、外国人のお母さんなら、「ありがとうございます」と答えます。普段から自分の子どもをかなり褒めます。

でも、日本人のお母さんはどうでしょう。「いえいえ、うちの子なんて、たいしたことありません」と言ってしまう。すると、子どもの自信はなかなか育ちません。大人になってから、いろいろな場面で不安を抱いてしまうのです。

子どものうちから、褒めて自信を持たせる教育が必要です（自信がないままに大人になってしまった方も安心してください。chapter 2をお読みいただければ、「不安からの抜け出し方」がわかります）。

！なぜ、老後がそんなに心配なのか

インド人の私から見て、もうひとつ気にかかるのは、**日本人は老後を心配しすぎているこ**とです。

「老後、年金が出なかったらどうしよう」「老後のために今から貯《たくわ》えなくては」「老後のためにムダ遣いはできない」と、老後の心配ばかり口にします。

私は日本人の女性と結婚しましたが、彼女の両親が一番心配したのも、やはり年金のことでした。「インド人の場合、年金はどうなるの？」と。

自分の娘の結婚相手なので、心配するのは当然といえば当然です。

私は「大丈夫です」と答えました。「年金以上に稼いでおけば、年金に頼らなくていい」と考えているから、心配してないのです。

そう、**心配する前に稼げばいい**のです。

なぜ、これほどまでに日本人は老後を心配しているのでしょう。

それは、**「情報に振り回されているから」**です。

日本のある生命保険関連団体の資料によると、65歳から夫婦２人で80歳まで生きるとすると、最低でも月24万円ほど、ゆとりが欲しい場合は38万円くらいかかるそうです。だから、**老後の生活のために約1億円近くは必要**だと説いています。

ですが、本当にそんなにかかるでしょうか。

持ち家があれば、実際にはそんなにお金はかからないのではないでしょうか。皆さんのご両親、あるいは親戚の方を思い浮かべてください。

公的年金や企業年金への不信感はずっと続いています。そんな状況の中でも、65歳以上の方で、1億円も持っている人は、そうはいないはずです。

実際、内閣府の調査では、65歳以上の世帯の平均貯蓄額は２２５７万円（平成24年版高齢社会白書より）だそうです。

保険会社や銀行や証券会社は、退職金を運用してもらいたい。あるいは金融商品を購入してもらいたい。だから、ある程度自分たちに有利なデータを出したり、有利な言い回しをしているのです。

情報を鵜呑みにしないようにしましょう。日頃からアンテナを鍛えて、「今の情報は本当かな」と疑ってみること。企業が提供する、あるいはマスコミが流す情報に振り回されて、**ムダな心配をしないようにする**ことです。

！ 今行動することで老後のお金の不安はなくなる

老後が本当に心配なら、ほかの人のデータを見るのではなく、実際にいくら必要か、今の生活と照らし合わせて自分たちで試算してみましょう。

自分たちが送りたい生活によっても必要な金額は違ってくるはずです。

たとえば、老後は、「食事だけはおいしいものを食べたい」「月に一度は旅行に行きたい」「海外でロングステイをしたい」など、送りたい生活をカタチにした場合、いくら必要か考えてみましょう。

参考までに、39ページで日本の高齢世帯の平均的な支出をご紹介します。

計算ができたら、そこから、財務プランを立てて（財務プランの立て方は205ページで詳解します）、どう増やしていくか、行動することです。

不安は行動することで解消されます。

老後が不安

↓

自分たちなりの老後の生活費の試算をしてみる

↓

必要なお金を作るための計画を立て、行動に移す

老後が心配なら、口にするべき言葉は「老後が不安」と嘆くのではなく、「どうすれば、そのお金が作れるか」を自分に問いかけ、行動に移すことなのです。

お金に困らない生活がしたいのなら、今から「どのようにお金と向き合っていけばいいか」を考え、行動に移すことです。

60歳以上の高齢夫婦世帯（無職）の1か月の支出の平均

消費支出	食料	58,948
	住居	14,522
	光熱・水道	20,183
	家具・家事用品	9,111
	被服及び履物	7,033
	保健医療	15,262
	交通・通信	27,022
	教養娯楽費そのほか	87,797
合計		239,878

（円）

※平成24年家計調査報告／総務省統計局をもとに作成

Secret 04

「どのように」お金と向き合っていけばいいか

！ お金持ちになるには子ども時代の教育が大切

お金に困らないために持つべき「意識」についてお話をしてきました。

ここからは、「どんなことをやるべきか」について、年代別に説明していきます。

まずは子ども時代。親は小さな頃から「お金の教育」をするべきです。先ほどもお伝えしたように、子どもは親の言葉ひとつで、お金に対する価値観が変わります。**子どもの頃からお金の大切さを伝えると、子どもの将来が変わります。**

インドの西側にグジャラートという州があり、ビジネスで大成功している人が多く住んでいます。かつて、その中のひとりで、一族で成功しているという人にインタビューしたことがあります。彼はこう言っていました。

「僕が小さかったとき、朝食の席ではいつもビジネスの話ばかりだった。おばあちゃんも『○○の株が上がっているね』とか、『為替が大きく動いた』とか、口にするのは経済の話。『このスープがおいしいね』なんていう話は一切なかったよ」

子どもの頃から経済用語を日常的に耳にしていたから、経済ニュースもすんなり理解できる。自然と日常的にお金を意識するようにもなりますから、大人になってお金を作るのに圧倒的に有利です。

ここまで徹底できないにしても、子どもに対しては、日頃からちょっとしたことで「お金の感覚」を身に付けさせることができます。

たとえば、ディズニーランドに連れていくと子どもは喜びます。喜んでいるところで、こんな会話をしてみます。

「ディズニーランドは楽しいね。1年に何回くらい来たい？　一度行くと○○円かかるから、10回行きたいなら、△△円必要だね。お金があると楽しいことがたくさんできるんだよ。お金は大事だから、大切にしようね」

すると、子どもの頭には「楽しいことをするにはお金が必要」という意識ができます。うまく話せば、「もっとディズニーランドに行きたいから、節約しよう」という気持ちも芽生えるかもしれません。小さいうちは、自分から進んでお金の勉強ができません。親がきちんと教えるようにしましょう。

！ 10代からは友だちづきあいに気を付ける

将来、お金に困らないために10代ですべき大切なことは、慎重に友だちを選ぶことです。同級生、部活、アルバイト先と、いろいろな場面で友だちができます。**その際、友だちを選ぶ基準を「一緒にいて勉強になる人」と決めておく**のです。

10代のうちから、友だち選びをコントロールするのは、難しいかもしれませんが、意識だけはしておくといいでしょう。松下幸之助氏は、こう言っています。

「友を見ればその人がわかる。人脈というのは、いわば偏差値であってレベルの高い人の周りにはそれだけの人が集まる。そしてその欠点をカバーしてくれる仲間を持つ」

自分が将来経済的に、あるいは精神的にもレベルの高い人になりたいのであれば、そういう人の近くにいたほうがいい。つきあう人を選ぶことは、何歳になっても気を付けるべきことです。

chapter 3で詳解しますが、**お金持ちになるために大切なのは、お金持ちから知恵を学ぶこと**です。お金持ちの近くにいたほうが、お金持ちになれる確率も高くなります。

! 20代では先輩から学ぶ

20代の社会人は、成功している先輩たちからどんどん学ぶことです。営業成績のいい先輩がいたら、近づいていき、「うまく売る秘訣《ひけつ》」を教えてもらう。

どんどん出世している上司がいたら、食事に誘って出世のコツを聞く。

直接聞けない場合でも、その人の言動や身のこなしからでも学ぶことができます。

電話の応対の特徴は？　朝は何時から仕事をしているか？　仕事の進め方はどうか？　どんな新聞や本を読んでいるのか？

観察しているだけでも、学びは多いものです。

20代の人にぜひお勧めしたいのは、セミナーに参加することです。特に経営者が参加しているセミナーがお勧めです。

セミナーは、スピーカー（講師）が何年もかけて習得してきた人生の学びを数時間で教えてくれます。積極的に話しかけて名刺交換すれば、**参加している経営者と縁を結べます**。

かつて、ある20代の男性に「インドで、日本の経営者とインドの経営者との交流会をやるから参加してはどうか」と声をかけたことがあります。

彼としては、かなり高い投資になったと思いますが、参加してくれました。インドで1週間ほど経営者たちと過ごして帰国。彼はどうなったか。

勤めていた会社での営業成績があっという間にトップになりました。その数字は、それまで誰も出したことがない数字だったそうです。

インドで知り合った日本人の経営者の多くが、彼の顧客になってくれたから実現した数字です。その経営者たちがほかの経営者を紹介してくれるものですから、彼は今でも高い成績を収めているそうです。

「お金持ちと知り合いになる」と、お金が入ってくるものなのです。

少しでも興味があるならば、**20代のうちから、経営者が参加するセミナーに出てみることを勧めます**。

! 30代ではこれまで学んだことを実践に

30代に入ると、結婚したり、子どもができたりして、家族が増える人が多いでしょう。家を買う人が多いのもこの世代です。ある調査によると、マンション購入者の6割は30代が占めているそうです（住宅金融支援機構調べ）。

これまでは「ひとりだから、どうにでもなる」と考えていた人も、お金に対して真剣に考える時期です。特に住宅ローンについては広く学んだほうがいいでしょう。

また、パートナーと相談しながら、財務プランを立て、将来設計をします。子どもが大学に入る頃、自分は何歳か？　それまでにいくら資金が必要か。家は買うのか、賃貸にするのか。将来必要なお金について、おおよそ把握しておくようにします。

セミナーはフィナンシャル系がお勧めです。30代のうちに徹底的にお金の知識を身に付けておくと、年を重ねてからも容易に記憶を引き出すことができます。

ただし、銀行や証券会社が主催する無料のフィナンシャルセミナーは、将来の不安を煽《あお》る傾向がありますので、避けたほうがいいかもしれません。できれば、有料セミナーがいいでしょう。

そして、少額でも構わないので、身に付けた知識をもとに投資をしてみましょう。

! 40代は教育資金についてしっかり学ぶ

一般的に40代は、子どもが大きくなり、教育資金が必要な時期です。子どもが私立の学校に行きたいと言えば、たちまち必要な額が増えます。

公立中学なら1年目の学習費総額は平均で45万6379円、私立の場合は、154万7481円（文部科学省／平成22年度「子どもの学習費調査」より）。その差は実に約3倍です。教育は子どもの将来を大きく左右します。よく検討し、学資保険や奨学金制度、教育ローンなど、教育資金について勉強しましょう。

教育資金と同時に自分たちの老後にかかる費用についても考え始める時期です。子どもは大切ですが、全財産を子どもに注いでしまうのではなく、自分たちのこともしっかり考えましょう。お金が出ていく時期なので、思い切った投資は難しいかもしれません。ですが、お金が出ていくからこそ、お金を増やすことを考えましょう。

それまでに培ってきた知恵や人脈をベースに投資をすることを勧めます。投資については chapter 5 で詳解します。

! 50代からでも人生のやり直しはきく

子どもにお金がかからなくなってきた50代は、自分たちの老後について熟考するときです。体力や気力が十分にあるうちにしっかりと考えておきます。

若いうちから投資をしておくと、50代以降は、利息だけで暮らせるような、幸せな人生が送れる可能性が高くなります。ただし、これはあくまでも理想。

何歳からでも人生はやり直せますし、お金を作り始めるのに、遅すぎることはありません。50代以降に投資や起業を始めて成功している人もたくさんいます。

ケンタッキー・フライドチキンの創業者カーネル・サンダースは、60代のときに起業して大成功を収めました。ただし、ひとつだけ、大切なことを忘れないでください。

本書で学んだことを**「必ず行動に移す」**ということです。そうすれば、あなたが何歳であろうと、お金持ちになる可能性は桁違《けたちが》いに高くなります。

[世代別] お金に困らないためにやるべきこと

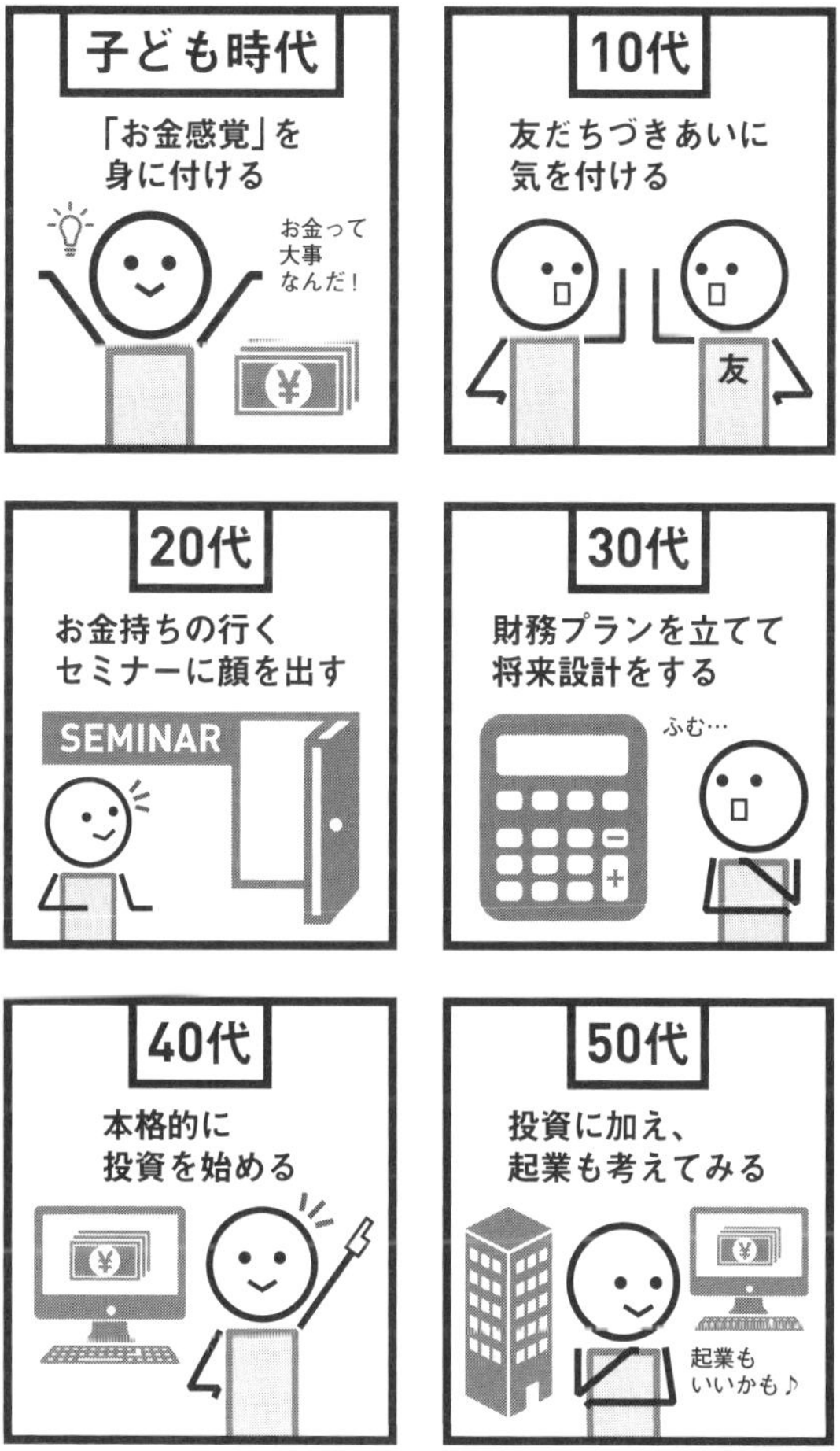
子ども時代
「お金感覚」を
身に付ける
お金って
大事
なんだ！
10代
友だちづきあいに
気を付ける
友
20代
お金持ちの行く
セミナーに顔を出す
SEMINAR
30代
財務プランを立てて
将来設計をする
ふむ…
40代
本格的に
投資を始める
50代
投資に加え、
起業も考えてみる
起業も
いいかも♪

Secret 05

サラリーマンでも収入を増やすことができる

! お小遣いは自分で増やす

月額3万8457円。

日本のサラリーマンの平均的なお小遣いの額です（2013年新生銀行調べ）。主な使い道は昼食代や飲み代、趣味。理想としては約6万円欲しいと思っているそうです。理想の約6万円から、現実の約4万円を引くと、2万円。

「あと2万円あれば理想的」と思うなら、自分で増やすことです。

サラリーマンがお金を増やす方法は3つです。

「投資」か、「昇進」して給料を上げるか、副業をするか、のどれかです。

【サラリーマンがお金を増やす3つの方法】

・投資
・昇進
・副業

昇進はすぐには難しいかもしれません。副業は会社によっては、禁止されている場合もあるでしょう。しかし、投資はすぐに誰にでも始められます。

ここでは投資についてお話ししましょう。

投資には「金融投資」と「自己投資」「事業投資」があります。

金融投資は文字通り、株など金融商品に投資することです。3つの中では比較的早くリターンが得られます。

もし、お小遣いが3万9000円ならば、たとえば1万円は投資に回して、2万9000円はお小遣いとして使う。これを半年だけやってみる、という方法があります。**金融投資はお金持ちだけのものじゃありません**。

インターネットで探してみると、1コイン（500円）から始められる積立投資や、1万円からの投資信託など、いろいろな商品があります。株も1万円以内で買えるものが結構あります。

まず、自分で投資の勉強をしっかりして投資先を選びましょう。

私がお勧めする投資の勉強方法は、「投資でうまくいっている人に直接聞くこと」です。これが一番効率的です。最低でも3人には聞きましょう。私自身、ファーストオピニオン、セカンドオピニオン、サードオピニオンまで聞いてから、最終的には自分で判断し、行動に移しています。

また、証券会社とも取引していますが、数社の証券マンと話をしてアドバイスをもらっています。1社だけでは、偏っている意見や考え方の可能性があるからです。

とりあえず、半年だけやってみましょう。

半年後にどれだけ利益を得たか。その額に自分は満足しているか。満足していないとすれば、次はどういう手を打つか。**半年ごとに見直していくのがポイント**です。

初心者が金融投資をするときに気を付けることは、よく勉強してから行うことと、借金してまで投資をしないこと、収入のすべてを投資に回さないこと、です。

【初心者が金融投資で気を付けること】

・**よく勉強してから行うこと**

→勉強をしないと損をする確率が高くなる

・**借金してまで投資をしないこと**

→お金を増やすためにやっているのに、借金をしては本末転倒

・**収入のすべてを投資に回さないこと**

→生活を守りながらでなければ続かず、お金も増えない

さらに具体的な投資方法については **chapter 5** でお伝えします。

！ 貯金だけでは決してお金は増えない

たとえば、投資金額1万円のうち「毎月2000円は自己投資に回す」と決めるのもお勧めです。自己投資はもっともリターンの大きい投資です。

本などを買って知恵を増やす。あるいはコミュニティサイトで見つけた朝食会に参加して人脈を増やすことに使ってもいいでしょう。

朝食会で同じ価値観の人に出会えると、新しい情報が入ってきたり、新しいアイデアが生まれることもあります。自分の成長のスピードも速くなります。

人との出会いの中で、自分が副業を始めたいと思えば、パソコンを買ったり、資料を買ったりと、事業への投資も必要になるかもしれません。

お金は貯金をしているだけでは、ほとんど増えません。預けている先が日本の銀行であれば、なおさらです。お金に困らない生活がしたいと思うのなら、投資で増やしていくことを考え始めましょう。

投資は3種類ある

種類	リスク	リターン
金融投資	ある	ある
自己投資	ない	とてもある
事業投資	ある	ある

chapter 1
お金は“悪”ではない

[まとめ]

1 お金を増やしたいと思うなら、最初にするべきことは、お金に対するマインドを変えること。

2 お金を嫌っていると、お金から嫌われて、決してお金持ちにはなれない。

3 印僑の知恵を借り、その勢いから多くを学べば、お金が増えるスピードが速まる。

4 お金を欲しがることは健全な欲求である。

5 お金は人脈構築によって何倍にも増やすことができる。

6 20代なら経営者が集まるセミナーにどんどん参加すべき。

7 金融投資はお金持ちだけのものじゃない。

chapter 2

お金の不安から抜け出す一番の方法は「才能を生かす」こと

Secret 06

今すぐお金の不安から抜け出す方法

! 幸せとは、「金銭的余裕」と「時間的余裕」があること

「幸せになりたい」と言う人は多くいますが、では、幸せとはどういう状態のことでしょうか？　私が考える幸せは「金銭的余裕」と「時間的余裕」があることです。

お金がたくさん儲かっていても、仕事に追われて人生を楽しむ時間がなければ、意味がありません。

時間がたくさんあっても、お金がなくて自由にやりたいことができないのであれば、人生はつまらないものになります。

お金も大事ですし、時間もとても大事です。

理想的な幸せとは、自分が365日あくせく働かなくても、ある程度のお金が入ってきて、「お金に対する不安がなく、自由な時間を持てるようにすること」です。

お金に対する不安はどうすればなくなるのか。

そもそも、不安があるから、新しいことにチャレンジできず、お金も増えません。

では、不安をなくすにはどうすればいいのか、まずは考えていきましょう。

！ 必要のない情報は聞き流す

人が不安から抜け出せない理由のひとつは、情報に振り回されているからです。

テレビをつければ、人を不安に陥《おとしい》れる情報が溢れ出てきます。

「富士山が10年以内に噴火する」

「南海トラフ巨大地震が起こる」

「パンデミック（感染症などの世界的流行）が起こる」
「年金は将来破たんする」
「FXは危険だ」
などなど、挙げればキリがありません。テレビでこうした情報を、恐ろしい画像や音楽で構成し、繰り返し放映するのはなぜでしょう。

注意を喚起したいからでしょうか？　もちろん、それもあるでしょう。けれど、私には「恐ろしい画像で人々を釘づけにして、視聴率を上げようとしている」とも思えてしまうのです。

こうした不安を煽《あお》る番組が放送されていると、私はチャンネルを変えます。

このような情報を見てばかりいると、恐怖に足がすくんで身動きが取れなくなります。暗い気持ちになって、ポジティブに発想することができなくなります。

特に朝は、ニュースや情報番組は見ないようにしています。

トップニュースはたいてい悲惨な事件が多く、朝から気持ちがネガティブに引きずられてしまうからです。

もちろん、地震をはじめとする自然災害に対する知識はある程度は必要です。ですが、深入りするのは、不安の世界に入り込んでいくようなものです。精神的にストレスになってしまいます。

では、どうバランスを取ればいいか。

情報はネガティブなとらえ方と、ポジティブなとらえ方ができます。できるだけポジティブなとらえ方をするように心がけてください。

！ 「どうすればいいか」にフォーカスすれば恐れはなくなる

情報のネガティブなとらえ方とは、たとえば、地震であれば、「地震は怖いもの」「地震が起きたら心配だ」ととらえること。

ポジティブなとらえ方とは、「どうすればいいか」にフォーカスして情報をとらえることです。「どうすればいいか」は、物事をポジティブにとらえるときの大切なキーワードですので、必ず覚えておいてください。

地震であれば、対策として必要なことは何か。「地震が起きたらどうすればいいか」と考えることです。自分で考えてもいいですし、そういう情報を集めてもいいです。たとえば、「南海トラフ巨大地震」対策として、政府は、家庭でも「食料や水を1週間分以上備蓄するように」と言っています。

その対策をしておけばいいのです。「地震が起きても準備してあるから大丈夫」と思うことです。

地震そのもののことをいくら心配しても、起きるときは起きるし、起きないときは起きない。予測不可能なことを心配しても仕方がありません。時間のムダです。やるべきことだけやればいいでしょう。

日本はアベノミクスで経済が上向きになったといわれます。

ですが、地方に行ったとき、ある企業の経営者は、「地方にとってアベノミクスは関係ない」と言っていました。その方は、地元でホテルやタクシー会社を経営していますが、どれも赤字だそうです。「やっぱり、地方はダメですよ。みんなそう言っていますよ」と何度も言う。それではダメになる一方です。
そういうときは、キーワードを思い出してください。

「どうすればいいか」

この経営者がするべきことは、アベノミクスでうまくいっている人と会うことです。アベノミクスで売り上げが上がっている会社の人と会って、どうして増収しているのか、聞いてくる。そこにヒントが必ずあり、ヒントをうまく自社で活用すれば、自分たちもアベノミクスの恩恵に与《あずか》ることができるのです。

Secret 07

シンプルに思考すれば不安はなくなる

ネガティブな気持ちは工夫次第で消せる

ネガティブな気持ちは、工夫次第で変えることができます。

会社にいやな上司がいたとします。すると、1週間が始まる月曜日がいやで仕方がない。人によっては、日曜日の夜あたりから、お腹が痛くなります。

月曜日は「また1週間仕事か」と思い、憂うつになる人が多く、「ブルーマンデー」とも呼ばれていますね。

こういう人も、1週間の後半になると、だんだん元気になります。休みが近づいてくると気持ちが楽になるからです。

私はこういう方に、「毎週水曜日くらいに楽しい予定を入れておく」ようアドバイスしています。

水曜日は暗い気持ちのピークですから、そこにワクワクするような予定を入れるようにしておくと、月曜日の辛さも軽くなります。

精神科医のエリック・バーンはこう言っています。

「他人と過去は変えられないが、自分と未来は変えられる」

いやな上司をいい上司に変えることはできませんが、自分や自分の行動は修正可能。自分の知恵次第でポジティブな気持ちになることはできるのです。

！お金持ちはシンプルに物事を考える

印僑のお金持ちたちは、不安にフォーカスしていません。

フォーブスの長者番付で、シンガポールにおいて40位以内に入っている、シンガポール在住のある印僑の大富豪にこんなことを尋ねたことがあります。

「もし、事業に失敗するようなことがあったらどうしますか？」

彼は笑ってこう言いました。

「インドに帰って畑でも耕すさ。食べるには困らないよ」

失敗してても別にどうってことない。いざとなれば、何でもできる。彼はそう考えているのです。

「そうは言っても、日本の場合は、誰もが畑を持っているわけじゃない」と言う人がいるかもしれません。たしかにその通りです。特に都会には畑はないかもしれません。

でも、私からすれば、日本は働くところがたくさんあります。求人広告も多くて待遇もいい。インドより恵まれていると言えます。

日本人は複雑に物事を考えすぎる傾向があると感じます。

何かに失敗したら振り出しに戻ってアルバイトから始めればいい。物事はシンプルに考えたほうが、前に進めます。

難しく考えずに、シンプルに思考する。そして、新しいことにどんどんチャレンジしましょう。

！ 失敗するのは当たり前のこと

失敗は誰でも怖いものです。ですが、日本人は人一倍、失敗を恐れているように感じます。失敗するのは当たり前のことです。失敗して失敗して成功していくのです。

自転車に乗れたときのことを思い出してください。

転んで、転んで、転んで、やっと乗れたのではありませんか？

松下幸之助氏も次のように言っています。

「失敗したところでやめてしまうから失敗になる。成功するところまで続ければ、それは成功になる」

成功者は成功するまでやったから、成功者になれたということです。

大切なのは、失敗は当たり前だと知ることです。「失敗から何をどう学ぶか」です。

成長したいと思うのなら、とにかく行動する。間違ったら、そこから何かを学ぶ、ということです。失敗を恐れて行動しないのであれば、進歩は望めないでしょう。

! 不安解消チャートで不安を解消する

やりたいことがあるのに、何となく不安で一歩が踏み出せないのなら、不安解消チャートを作るといいでしょう。

「WHAT」「WHY」「HOW」の3ステップで簡単にできるチャートです。

まずは、やりたいこと（＝ＷＨＡＴ）を書きます。あなたが心からやりたい、実現したいと思うことは何でしょう。「留学をしたい」「沖縄に移住したい」「本を書いてみたい」……、人によっていろいろでしょう。あきらめていたけれど、やりたいことでも何でもいいです。

次に、なぜ（＝ＷＨＹ）今できないのか。不安に思う点やできない理由をどんどん書いていきます。「お金がない」「時間がない」「手伝ってくれる人がいない」「両親が反対している」などなど、ものによってさまざまな理由が挙げられると思います。

ここまで書けたら次は、どのようにすれば（＝ＨＯＷ）できるようになるのか書いていきます。「お金がない」なら「どのようにすれば、お金が作れるか」を考えて書いていくのです。

夢ややりたいことは、「なぜ、できないのか」を分析すると実現できるようになります。できないのは、何もせずに「できない」と思い込んでいるからです。

あるいは、「やりたい」と口では言いながらも、自分で「やらなくていい理由」や「やらない言い訳」を作り出しているから。それは、本当にもったいないことです。

たいていの「やりたい」と思うことは実現可能です。

ひとつひとつできない理由を分析して、ひとつひとつ解決方法を考えていけばいいのです。不思議と「できない」ことが、「できる」ことに変わっていきます。

場合によっては、きちんと解決できる方法が見つからないかもしれません。それでも、考え、自分が「こうだ」と思ったことを行動に移してみましょう。

行動して「間違いだった」とわかったとしたら、それはそれで大きな成果です。今度は違う方法でやってみればいいのです。

「行動しなければ、失敗もしない。リスクがなくていいじゃないか」と考える人がいるかもしれません。でも、**行動しないことこそ、「たった一度の人生をムダにしてしまう」リスクがある、**と思います。

楽天の三木谷浩史氏もこう言っています。

「現代社会において最大のリスクは、『人生を後悔すること』だと僕は思う」と。

あなたの夢、やりたいことは何ですか。早速、チャートに書いてみましょう。

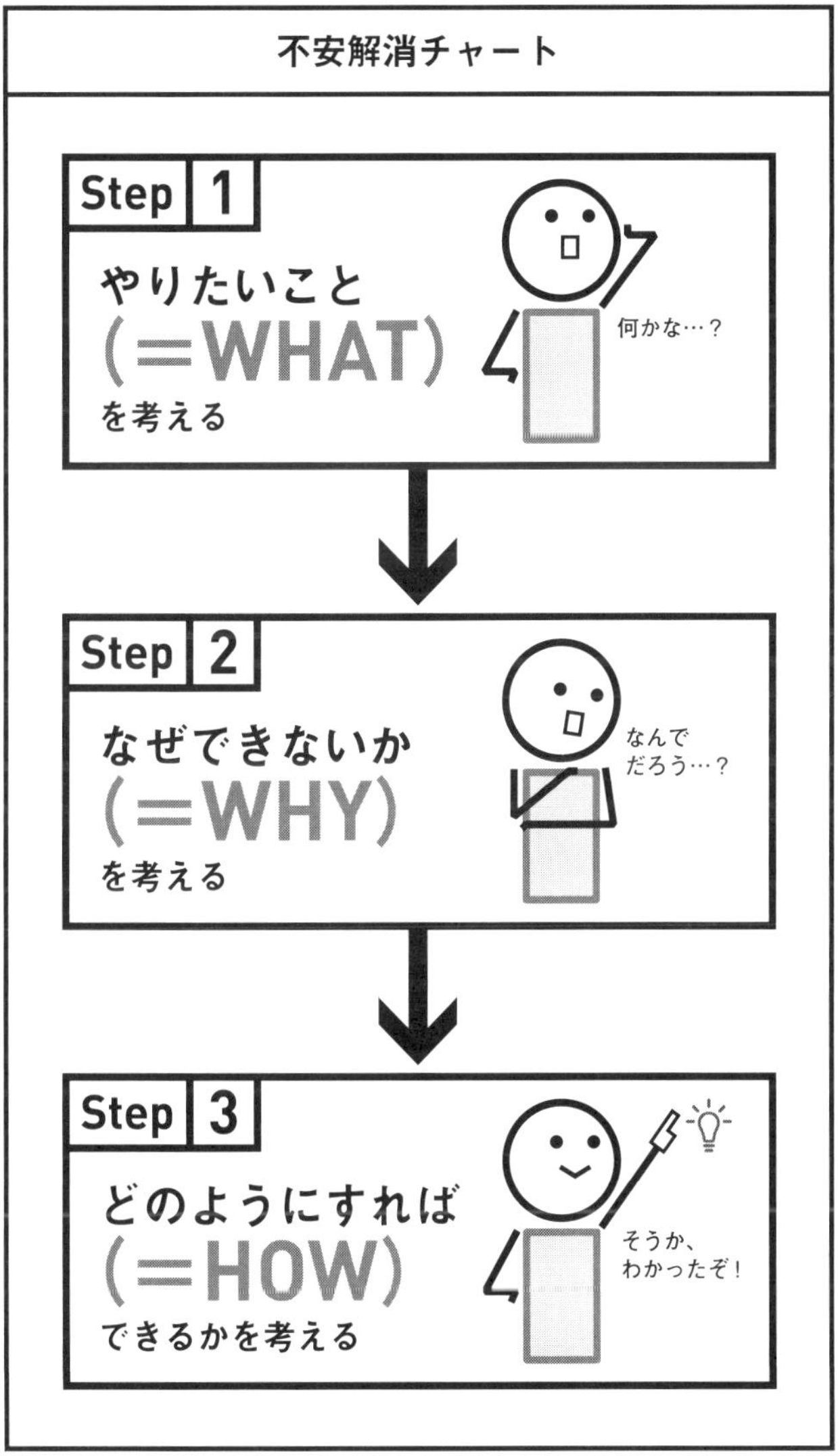
不安解消チャート
Step 1
やりたいこと
(＝WHAT)
を考える
何かな…？
Step 2
なぜできないか
(＝WHY)
を考える
なんで
だろう…？
Step 3
どのようにすれば
(＝HOW)
できるかを考える
そうか、
わかったぞ！

Secret 08

自分に合った成功方法を見つける

成功できないのは、自分に合った成功方法に出合えていないだけ

「何をやってもうまくいかない」「どうも失敗ばかりしてしまう」というときがあります。でも、あなたが悪いわけではありません。やり方が合っていなかっただけです。

たとえば、薬は人によって合う合わないがあります。もし、薬が自分に合わなかったとしても自分を責めたりしないでしょう。ただ、薬を換えればいいだけです。

仕事で何か失敗をしてしまったとしても、それはやり方が合っていなかっただけ。自分を責めたりする前に、やり方を変えればいい。もし、**あなたが今成功していない**

のなら、あなたに合った成功方法にまだ出合えていないだけ。あなたに合う成功方法を見つければいいのです。

自分に合ったことをすれば、人生はうまくいくようになります。

！ 自分の中の神様を起こせばすべてうまくいく

インドには次のようなことわざがあります。

"God Inside Yourself."（自分の中の神様を起こせ！）

あなたのことを助けてくれる神様はあなた自身の中にいます。すべての人の中に神様はいます。そして、成功している人は、自分の中の神様が起きている証拠です。

誰でも、自分に合ったやり方、仕事があって、自分に合っていることと出合えると、神様は起きます。逆にやりたいことを見つけられないと、成功が難しくなります。

本当はコンピュータが好きじゃない。だけど、今はブームだからと、コンピュータを使ったインターネットビジネスをしようとしても、なかなか成功できません。

ペットが好きでもないのに、儲かりそうだからと、ブリーダーを始めても長続きしません。いやなものを無理にやろうとすべきではないのです。

日本では、職場を移った途端、「水を得た魚のようにイキイキと仕事を始める」という場合があります。まさに自分の中の神様を起こせたから、イキイキするのです。

かつて、ある女性のコンサルティングをしたことがあります。

女性はブログを使って自分の名を広めようとしていました。その日にあったことをブログに書き連ねていましたが、思うようにアクセス数が伸びませんでした。

私は彼女が旅行好きであることに目をつけて、「旅行に絞って、『旅ブログ』にしてはどうか」とアドバイスしました。やり始めてみると、またたくまにアクセス数が伸びて、彼女のファンが増えました。

自分の中の神様を起こせると、アイデアが生まれ、行動もすばやくできるようになり、思考もポジティブになります。そして、毎日が楽しくなります。

！ 自分との対話で自分の中の神様を起こす

ではどうすれば、自分の中の神様を起こせるか。自分の中の神様と対話することです。具体的には、「好きなこと」「やりたいこと」「できること」をそれぞれ3つ以上考え、書いてみましょう。できれば、プライベートと仕事と両方書きます。

書き終えたら、それぞれについて、2W1Hを書いて明確化します。不安解消チャートで使った「WHAT」「WHY」「HOW」です。

つまり**「あなたが何をしたいのか」「あなたはなぜやるのか」「具体的にはどうやるのか」**を書いていきます。

多くの人が夢や希望を持っているけれど、実現できないのは、「具体的にどうやるのか」まで考えていないから。そこまで考えるとたいていのことは実現できるのです。

実現するための方法まで考えてみると、やりたいけれど、実現は難しいし、自分には実は向いていないかも、と気づくこともあります。その気づきも大切なのです。

繰り返すうちに、向いていないこと、向いていること、本当の自分の強みも見えてきます。自分を見つめ、自分で考えると、自分に合ったものが見つかります。

私のセミナーでも多いのが、「HOW」、つまり、どうすれば実現できるかが、わからないという人が結構います。それでも、まずは自分で考えてみます。考えたら、身近な人、家族でもいいし、友人でもいいから、相談してみましょう。他人の知恵を借りるのです。

何人かの他人の知恵を借りることで、実現方法がより明確になってくるでしょう。

！ やりたいことや夢は、時と共に変わって当たり前

2W1Hは、時と共に変わります。変わって構わないものです。

私も最初に書いたときは、

「何をしたいか」＝「成功」したい

「なぜしたいか」＝「お金」を稼ぎたいから

「どうやるのか」＝「ビジネス」を通してやる
でした。

今は、

「何をしたいか」＝「印僑（外国に住むインド人）の大富豪の教えを広める」

「自分もその教えを活用して、1兆円企業を20年以内に作りたい」

「なぜそうしたいか」＝「世界経済、地域社会に貢献したいから」

「どうやるのか」＝「印僑の大富豪の教えを研究し、実践する」

「世界レベルの経営者とつきあう」

になっています。


つまり、書くうちにどんどん明確になってきたのです。明確になればなるほど成功しやすくなります。

2W1Hは自分の中の神様と対話するときに、大変便利なツールです。「なりたい自分」「手に入れたいもの」「築きたい人間関係」もわかるようになります。

Secret 09

趣味を仕事にしても儲かるとは限らない

!

趣味を仕事にすると収入が激減する危険がある

ときどき、趣味をいきなり仕事にしようとする方がいます。

趣味を仕事にしても、必ず、お金が儲かるとは限りません。

次のような方がいました。

大手企業で何年も働いてきたけれど、ピアノが好きだから、会社を辞めてピアノ関係の仕事に移りたい、と言うのです。

日本は豊か。だから、自分が大企業で働いていることのありがたみを忘れてしまうことがときどきあるように思います。

自分が大手企業に勤務し、稼いでいるという生活の基盤があるからこそ、ピアノもできていることがわかっていません。その人がピアノ教師になった場合、まず、生徒を集めなくてはなりません。すぐに生徒は集まらないでしょうから、収入は確実に減ります。

それまでと同じ生活は、確実にできなくなります。場合によっては貯金を切り崩して、生活しなければならない可能性もあります。

１８０度違うことを始めるので、自分の人生の貴重な時間を使って企業の中で磨いてきたビジネスのスキルが十分に生かせません。

すると、どうなるか。

「好きなピアノを弾く時間（趣味の時間）は取れる」

「それまで仕事で培ってきたことが生かせない」

「収入が不安定になる」

それで「本当にハッピー」でしょうか。

具体的にそこまでイメージしたり、見通しを立てることもせずに、現在の豊かさをあっさり捨ててしまおうとするのは、非常にもったいないことです。

よく聞いていくと、この方の場合、今の仕事が嫌いなわけではない。職場のプレッシャーが強く、上司とそりが合わない。ピアノが好きで、弾くことによってストレスを発散させたいが、忙しくてピアノを弾く時間が確保できない。だから、今の仕事を辞めて、ピアノの道に進みたい、ということでした。

であれば、やるべきことは、職種を変えてまったく違う道に進むことではありません。部署を変えてもらう、または、それまでの仕事のスキルを生かせるような会社に転職する、そして、ピアノを弾く時間を確保できる環境を作る、ということです。

部署や会社を変えて、自分の好きなこと（**＝趣味**）**ができる時間を増やせるようにすればいい**のです。

食品業界にいるのなら、同じ食品業界で、よりプライベートの時間が取れるところに移るのが、この方のゴールです。そうすれば、

「それまでのスキルを生かせる」

「収入が極端に減ることはない」

「好きなピアノを弾く時間（趣味の時間）が取れる」

ことになります。


自己啓発の多くの本には「好きなことを仕事にしなさい」と書いてあり、そう熱弁をふるう講演家たちも少なくありません。

「好きなことをやること」も「夢を見ること」ももちろん大事なことです。ただ、現実に目を向けながら、夢実現のプロセスを踏んでいく必要があります。

もし、ピアノの道に進みたいのなら、まずは土日だけピアノ教室を開いてみる、といったプロセスを踏むべきです。

私は、インドのジュガールという考え方を身に付けることで、人生を変えてきました。**ジュガールには「少ない力で多くのものを得る」という考え方があります。**

「部署や会社を変えて、趣味の時間を増やすこと」「これまで人生で培ってきたことをいきなり捨ててしまわないこと」は、まさにジュガール的発想に基づいた合理的な解決方法です。

ジュガールについては前著に詳しく書いていますが、ここで少しだけ説明しておきます（詳しくは、前著の第1章をお読みください）。

！ ジュガールは自分を変える問題解決ソリューション

ジュガールとは、マハラジャ時代から広く知られているインドの問題解決ソリューションです。言い方を変えると、**少しだけ発想と行動を変えるだけで、人生もビジネスも圧倒的に逆転する、マインドをイノベーションする考え方**です。

今、最先端の成功メソッドとして全世界から注目を浴びるようになっています。

注目を集めている大きな理由は、多くの億万長者が実践し、華々しい成功を収めているからでしょう。

ジュガールを理解するには7つのポイントがあります。

①少ない力で多くのものを得る
②自分の枠を超えた発想で考え、行動する
③やわらかな頭で考えてピンチをチャンスにする
④シンプルに考える
⑤決してあきらめない
⑥自分を抑えつけない
⑦自己効力感（セルフ・エフィカシー）を大事に育てていく

この7つのポイントを理解し、実践することで億万長者になることができます。

本書でも折にふれて、ジュガールについて説明していますが、詳しくは前著をお読みください。

！ 夢を絶対に叶える5ステップ

今、生活の基盤を支える仕事がある。けれど、辞めて、自分の好きなことを仕事にしていきたい、という場合、次のようなステップで考えていきましょう。

【夢を具現化する方法】

①仕事を辞めようと思う「本当の理由」を考える
②今の仕事のスキルを生かせないか考える
③好きなことをビジネスとして成立させるための戦略を練る
④好きなことはまずパートタイム的に始める
⑤好きなことがビジネスとして成立する見通しができたらシフトしていく

以上のやり方をすると、着実に夢に向かっていくことができます。

夢を絶対に叶える5ステップ

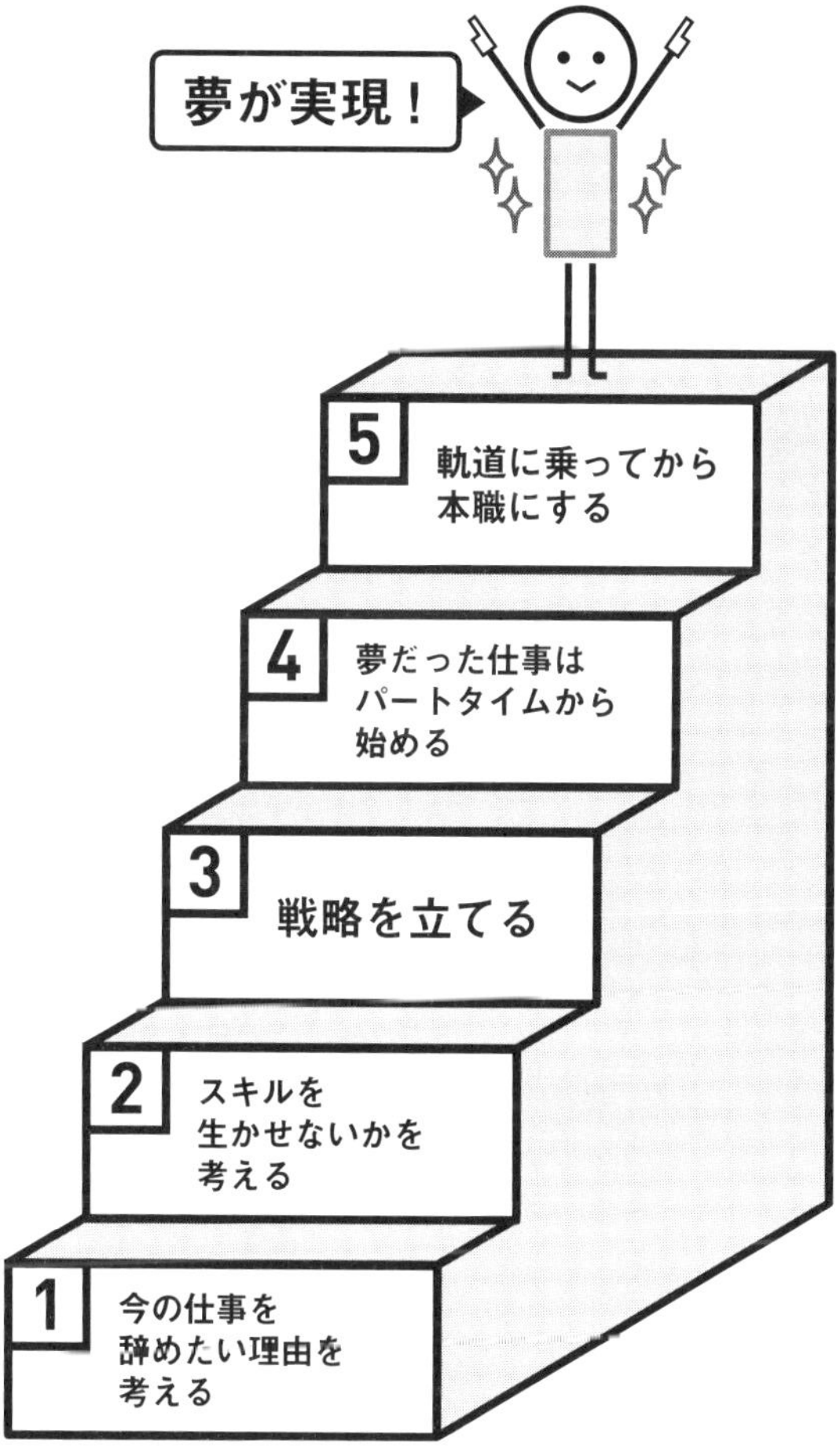
夢が実現！
5 軌道に乗ってから本職にする
4 夢だった仕事はパートタイムから始める
3 戦略を立てる
2 スキルを生かせないかを考える
1 今の仕事を辞めたい理由を考える

! 焦って仕事を探すと損をする

家計を助けたい。主婦の方がそう考えてパートを探すことがあります。

パートというと軽く考えがちですが、自分の大切な時間を使うのですから、真剣に考えて、ハッピーになれる仕事を選びましょう。

では、どんなパートにつけば、ハッピーといえるのか。できるだけ自分が楽しくて、お金も多くもらえ、希望する時間帯に働けるようなパートではないでしょうか。

気を付けてほしいのは、焦って探して、駅前の「パート募集」の張り紙に飛びついてしまうこと。あまり深く考えずに仕事を決めてしまうと、「楽しくナイ」「お金もあまりもらえナイ」「長く続けられナイ」という「ナイナイ」尽くしの仕事になってしまいます。

なぜ、焦ると「ナイナイ」尽くしになってしまうのか。

その**張り紙の内容に自分を合わせて働こうとするから**です。

そうではなく、まず、自分がどう働きたいかを考えて、自分の要望に合わせて仕事を探すようにします。

ですから、よほど緊急でない限りは、せめて2～3か月の余裕を持って探しましょう。その2～3か月の間に、「楽しくパートをする戦略」を立てるのです。

たとえば、89ページのようなブレストシートに書きこんでいき、自分が求めているパート像を考えます。

「自分の持っているスキル」
「スキルを生かせる仕事は何か」
「やりたいと思う仕事」
「その仕事につくメリット」
「働く場所・時間」
「どのくらいの期間働くのか」

「欲しい金額」

すると、やりたい仕事が明確になってきます。

たとえば、もし、営業のスキルがあるとすれば、営業力を生かせる仕事を考えていきます。営業の仕事をしていたのなら、銀行のフロアでの応対もできるでしょうし、スーパーでの接客もできる、ファストフードの店でも働けそうです。

具体的な仕事を挙げたら、次はそれぞれの仕事をしたときのメリットを考えます。銀行で働けば、お金の勉強ができるかもしれませんし、スーパーで働けば、帰りに余った野菜を安く売ってくれるかもしれません。

ファストフード店では、店長になるチャンスが待っているかもしれません。

それぞれの仕事場には、お金以外にもメリットがあることを忘れないようにしましょう。じっくりと考えて仕事を探せば、ミスマッチになる可能性が下がり、楽しく長く働くことができると思います。（89ページのブレストシートは、ダウンロードプレゼントしています。詳しくは、巻末をご確認ください）

楽しく働くためのブレストシート

自分への質問	自分の回答
持っているスキルは？	ex）韓国語が話せる
スキルを生かせる仕事は？	ex）通訳・翻訳
やりたいと思う仕事は？	ex）韓流スターの通訳
その仕事につくメリットは？	ex）華やかな世界で働ける、人脈ができる
働く場所・時間は？	ex）日本全国、不規則
どのくらいの期間働くのか？	ex）まずは3年
欲しい手取り額は？	ex）月30万円

⇧このシートは、ダウンロードプレゼントしています！

！ まずは言い訳を捨てなさい

自分が何かを成し遂げたいのならば、まず、「言い訳を捨てる」ことから始めましょう。成功者は行動することが不可欠ですが、言い訳をしているといつまでも行動に移ることができません。

私自身、成功のサイクルに入るまでは、いつも言い訳ばかりしていました。社員が言い訳しているのを見ていると、昔の自分を思い出します。

先日、次のようなことがありました。

土曜日に会社の幹部に用があって携帯に電話をしました。私の会社は、土曜日は基本的に休み。休みの日に電話をするということは、よほど急ぎの用があるということを意味しています。電話に出なかったので、折り返し電話をくれるようにメッセージを残しました。

ですが、待てど暮らせど電話がきません。

翌日もう一度電話をすると、今度は出ました。彼はこう言いました。

「ちょっとバタバタしていて折り返しの電話ができませんでした」

私には言い訳としか思えなかったので、彼を叱りました。

携帯電話は今はたいていどこからでもかけられますし、長く話せないなら、話せないなりに、電話を**する**べきです。

「今、実家に来ているので、後でもいいですか」

「これから、電車に乗るので、手短にお願いします」

そう言ってもいい。ちゃんと「レスポンス」という行動をしなければなりません。

今はスピードが重要な時代です。スピード感を持って行動をしないと、大事なチャンスを逃してしまいかねません。


でも、彼を叱りながら、私もかつてはそういう言い訳をしていたことを思い出したのです。「休みの日に仕事の電話なんてしてくるなよ」と思っていましたし、上司から電話があってもすぐに折り返しせずにいました。

「バタバタしていました」

「電池が切れていました」

「ネットがつながりませんでした」

私が得意とする「3大言い訳」でした。

ですが、今、当時のことを後悔しています。**上司に対してもっとスピーディーに対応しておけばよかった**と思っています。そうすれば、上司と私の距離がもっと近くなり、いろいろなことを学べたに違いないからです。

言い訳をすることで、自分の成長のチャンスを逃していたのです。


電話の対応に限らず、言い訳は捨てることです。

「今さらやってもしょうがない」

「家族を養わなくちゃいけないから、新しいことには挑戦できない」

「お金がないから、ビジネスを学ぶ学校に行けない」

すべて言い訳です。**言い訳は自分の人生の成長のサイクルを遅くするウイルス**です。
お金を稼ぐには成長が不可欠です。成長したいのなら、まず、自分の中の「言い訳」という名のウイルスを退治してしまいましょう。

! 素直になって他人の力を借りれば、成長が早まる

先ほども少しふれましたが、**成長において大切なのは、「人の助けを借りる」こと**です。

人は誰でも得意・不得意があります。何もかも100％得意な人はいません。会社であれば、営業が上手な人もいれば、コンピュータが得意な人もいる。経理が得意な人もいれば、接客が上手な人もいます。

自分に足りないと思うところは、得意な人の力を借りることが大切です。

会社を経営する場合、自分に足りないところを補ってくれる人と組むとうまくいき

ます。

ものづくりを得意とした井深大《いぶかまさる》氏と、経営が得意な盛田昭夫氏の2人が組んだことで、世界的企業ソニーが生まれました。

技術者の本田宗一郎氏には、経営に長《た》けた藤沢武夫氏が側近にいたから、ホンダが大きくなりました。本田氏は「藤沢がいなかったら会社はとっくのとうに潰《つぶ》れていた」と語っています。

自分に足りない知識があるなら、知識がある人の力を借りることです。

お金や投資の知識がないなら、お金や投資に詳しい人、銀行マンや大富豪、トレーダーから学ぶこと。ひとりで本で学ぶより、成長のスピードは速まりますし、失敗をする可能性が低くなります。

人から何かを学ぶときに忘れてはならないのは、「素直であること」です。

インドツアーで一緒になり、私がコンサルタントを務めさせていただいている、ある経営者の方の話です。アフィリエイトなど情報ビジネスで高名な方です。

彼は、私の提示するアクションプランを素直に実行し、月４０００万円だった収入を月４億円まで伸ばしました。

学んだことを素直に受け入れ行動すると、成長のスピードが速まります。何か知識を得ようとするときは、素直であることを心掛けましょう。

特に経営者や上に立つ方にありがちなのは、自分の考えが一番だと思ってしまうことです。自分が一番だと思った瞬間に、人は成長が止まります。

知ったかぶりをして、「わかっている。わかっている」と思ってしまうと、何も新しい知識が入ってきません。

学びは死ぬ瞬間まで続きます。

あらゆることから、いつも何かを学ぼうとする気持ちを大切にしてください。

Secret 10

目標を次々と達成していく方法

「『できる』『できない』シート」で苦手意識を克服

お金に困らない生活をするには、「貯金」は不可欠です。貯金しているだけではお金は増えませんが、投資などで増えたお金をある程度貯金していく必要があります。

あなたは貯金ができていますか？　実は、私は昔、貯金ができませんでした。でも、ちょっとしたことでできるようになりました。

どうやって貯金ができるようになったか、お伝えします。とても簡単です。ただ、紙と鉛筆を用意して、「『できる』『できない』シート」を作って記入していっただけです。「たったそれだけ？」と思う方もいるかもしれません。

ですが、シートの効果は絶大です。できなかったことができるようになるのです。

書くことで、「どうすれば、できるようになるかを意識する」ようになり、意識することで、実際に行動に移すことができるからです。

意識しない限り、今できないことはずっとできないままになってしまいます。

では早速やってみましょう。書き方は次の通りです。

①左側に「やりたいと思う」、あるいは「やらなければいけないと思う」が、実際にはできていないことを書く

②あなたはどうしてそれをやっていないのか。「できないから or やっていないから」のどちらかに○をつける

※「できない」のではなくて、「（できるのに）やっていない」ことがほとんどです

③「なぜ、できないのか（やらないのか）」を書く
④「どうすればできるようになるか」を書く

大切なのは、シートを書いて「意識すること」です。

私の経験上、**貯金をしていない人は、本来はできるのに、「やっていないだけ」のことがほとんどではないでしょうか。**

原因は人によると思います。「お金を使いすぎてしまうから」、あるいは「稼ぎが少ないから」、もしくは「今は仕事をしていないから」という人もいるでしょう。

原因によって対応策も違ってきます。

お金を使いすぎてしまう人であれば、「洋服を買うのを我慢して、貯金に回す」という回答かもしれません。「稼ぎが少ないから」と書いた人は、「もっと稼げるように、昇進する」と書くかもしれません。

自分の状況をきちんと分析して、意識し、貯金をするために何をするべきかを明確

化しましょう。

「『できる』『できない』シート」は、貯金以外にも使えます。

たとえば、なぜダイエットができないのか。

なぜ仕事を期限までに仕上げることができないのか。

「『できる』『できない』シート」で、あなたの「できない」を「できる」に変えていきましょう。

! 目標はいつも見る場所に貼《は》ると叶う

「『できる』『できない』シート」を使うと、自分のやるべき目標がはっきりとしてくるはずです。次はその目標を達成していきます。

目標を達成するには、目標を見えるところに貼っておき、常に意識するようにすることです。

なぜなら、「人は忘れる生き物」だからです。ドイツの心理学者エビングハウスによると、人は覚えたことでも1時間で約半分は忘れてしまうそうです。

自分で決めた「目標」や、「やるべきこと（＝To Do）」リストを、常に見て、意識することで、覚えておくことができるのです。

目標を貼っておくことで、もうひとついいことがあります。

視界に入るところに目標を貼って、常に見るようにすることで、無意識（＝潜在意識）に刷り込むことができ、**目標が達成しやすくなります**。

！ 目標を3つに細分化すると達成がラク

目標をどこにどうやって貼るのがより効果的なのか、お話しします。

まずは、その年の大きな目標（大目標）をひとつ立てます。次にその目標を叶えるために達成するべき目標（小目標）を2つほど考えます。最後、小目標を達成するためにするべきTo Doをリストアップします。

たとえば、大きな目標が「家のローンの頭金を貯める」だとすれば、小目標は「月に2人のお金持ちに会う」「毎月5万円貯める」など、大目標達成のためのアクションを書きます。

To Doリストは、「お金持ちに会えるようなセミナーを探す」「ビールは1缶にして1日300円貯金する」など、小目標達成のために毎日するべきことを書きます。毎日心掛けるべきことですから、1か月単位のカレンダー式にし、達成できたときにはチェックマークをつけていくとよいでしょう。

- **大きな目標（大目標）……1年で達成したい目標**
- **小さな目標（小目標）……大目標を達成するために取るべき行動**
- **To Doリスト……小目標達成のために、日々やるべきこと**

こうして、目標達成のためにやるべきことを具体的に落とし込むことで、目標達成のスピードが速まります。

！ 小目標は実行可能なことにする

目標設定する際に、注意点がひとつあります。

小目標やＴｏ Ｄｏリストの内容は、実行可能なことにすることです。

たとえば、これまで人とのコミュニケーションが苦手だった人が、いきなり「毎週、お金持ち２人に必ず会う」と小目標を設定したところで、達成は困難でしょう。

難しいことをノルマとして自分に課してしまうと、途中で目標の紙を見ることすらしなくなってしまいます。走り高跳びの選手は、少しずつバーの高さを上げながらクリアしていくことで、徐々に高いバーも跳び越えられるようになります。

日々の目標達成も同じです。

大きな目標は高めがよいのですが、日々達成していく小目標は、最初はできるだけ実現可能なものにします。クリアできたら、少しずつ目標を上げていくのがポイントです。

必ず達成できる目標の立て方（例）

大目標

住宅ローンの頭金を貯める

↓

小目標

月に2人のお金持ちと会う

小目標

毎月5万円貯める

↓

To Doリスト

できたもの、できなかったものに、それぞれ○×を付ける

	10月11日	10月12日	10月13日	10月14日
300円貯金する	○	○	○	○
セミナーを探す	×	○	○	×
投資の勉強をする	○	○	×	×

Secret 11

目標達成するスゴ技は目標の「いつも見える化」

!

毎日開閉する3つのドアを利用して目標達成

目標達成のための行動を具体化できたら、紙に書いて「3つのドア」に貼ります。大目標は「玄関のドア」の内側に貼ります。家を出る前に目標を確認し、頭にイメージしておくと、自然と目標達成のための行動を取るようになります。

イメージは現実化しますので、朝出かける前に、目標をイメージしておくことはとても大切なのです。

小目標は「トイレのドア」に貼ります。なぜ、トイレなのか。

「三上」という言葉があります。中国の高名な歴史家欧陽脩《おうようしゅう》が約1000年前に残しました。アイデアがひらめきやすいのは三上、つまり、「馬上（＝乗り物に乗っているとき）」「枕上《ちんじょう》（＝眠りにつく前）」「厠上《しじょう》（＝トイレに入っているとき）」ということです。

【よい考えが生まれやすい状況】
・馬上……乗り物に乗っているとき
・枕上……眠りにつく前
・厠上……トイレに入っているとき

トイレはひらめきやすく、毎日入る場所。そこで小目標を見て意識すれば、目標達成のアイデアも生まれやすいのです。

ToDoリストは、毎日何度も開ける「冷蔵庫のドア」に貼ります。

毎日やるべきことを必ず実行するためには、繰り返し、意識する必要があるからです。朝起きたら、昨日やり遂げたことにチェックマークをつけていくとよいでしょう。

【成功のスピードを速める、目標の貼付場所】

- **大目標……………玄関のドア**
- **小目標……………トイレのドア**
- **ToDoリスト……冷蔵庫のドア**

！ 今日できなかったから明日もできないわけじゃない

目標を達成しようと行動に移すと、時として壁にぶつかるときがあります。そんなときに**自分を立ち直らせる魔法の言葉**をプレゼントします。

「今日はできなかったかもしれない。けれど、ずっとできないわけじゃない」

目標が達成できる貼付場所

大目標

玄関に貼って出がけにチェック！

住宅ローンの頭金を貯める！

小目標

アイデアが生まれやすいトイレへ！

月に2人のお金持ちと会う
毎月5万円貯める

To Doリスト

何度も開ける冷蔵庫へ！

やり続ければできます。たとえば、毎月5万円貯めしようと決めたのに、今月はできなかった。そこで、「やっぱりできない」とあきらめてはいけません。「今月」はできなかっただけです。あきらめず、戦略を変えたりしながら、やり続ければ、「来月」はできるかもしれません。

「できる!」と、自分で自分を洗脳することが大切です。

女子サッカーの澤穂希《さわほまれ》選手は、ロンドンオリンピックの準決勝で、「フランスに負ける気がしない」と言って、見事に勝利を収めました。

「できる」「勝つ」と心から思えば、実現します。何があってもめげずに続けましょう。

! ドリームキラー撃退法は「成功者に話を聞く」こと

何かを成し遂げようとすると、必ず「やめたほうがいい」と反対してくる人たちがいます。いわゆる「ドリームキラー」です。

彼らを撃退する効果的な方法は、**自分が挑戦しようとしている分野で成功している人たちに話を聞きに行く**ことです。

私が独立するとき、公務員の父は大反対でした。

「そんなことを始めて大丈夫なのか？　失敗するんじゃないか。きっと食えない。やめたほうがいい。会社に勤めていたほうがいいよ」と。

でも、父は自分で起業した経験がありません。そうした意見よりも、実際に起業して成功している人の話を聞いたほうが、真実味があります。

とはいえ、経験もないのに、無責任に「やったほうがいいよ。がんばってね」と言う人の意見も私はあまり聞かないようにしています。

自分が投資を始めようと思うのなら、投資で成功している人の話を聞くことです。

自分が新しい仕事を始めようと思うのなら、その仕事で成功している人の話を聞くことです。

やろうと決めたのなら、「できる」と信じて、「できる方向」を探して、進んでいく。

そうすれば、やがて道は開かれていくでしょう。

chapter 2
お金の不安から抜け出す一番の方法

[まとめ]

1 理想的な幸せとは、自分が365日あくせく働かなくても、ある程度のお金が入ってきて、「お金に対する不安がなく、自由な時間を持てるようにすること」。

2 情報は「どうすればいいか」にフォーカスすると恐れがなくなる。

3 大切なのは、失敗は当たり前だと知ることと、「失敗から何をどう学ぶか」。

4 何となく不安で一歩が踏み出せないのなら、不安解消チャートを作るといい。

5 成功できないのは、自分に合った成功方法に出合えていないだけ。

6 自分の中の神を起こせると、アイデアが生まれる。

7 ドリームキラー撃退法は「成功者に話を聞く」こと。

chapter 3

もっともハイリターンな投資先は「人脈」

Secret 12

お金に困らない人＝情報強者
お金に困る人＝情報弱者

! 情報がお金を連れてくる

何かの判断に迫られたとき、不可欠なのが「情報」です。

結婚を決めるとき、働く会社を決めるとき、新規の会社と取引するかどうかを決めるとき、投資先を決めるとき……。どんなときでも情報が役立ちます。

サッカーや野球の試合でも、対戦チームの情報をできるだけ集めて、分析し、作戦を練ります。どれだけ相手チームについて正確な情報を持っているかが、勝利の行方《ゆくえ》を握るカギといえます。

人生においても同様です。**どれだけお金について質の高い情報を得ているかが、お金持ちになれるかどうかのカギなのです。**

お金に困っていない人は、決まって情報に強い「情報強者」です。儲かる質のよい情報をたくさん持っているとお金に困りません。

逆に、お金に困っている人は、情報に弱い「情報弱者」である場合がほとんどです。儲かる情報を知らない、あるいは、情報を集めるための行動をしていません。

- **お金に困らない人は、お金の情報に強い「情報強者」**
- **お金に困っている人は、お金の情報に弱い「情報弱者」**

！ 人からの情報が早くて正確！

お金についての質の高い情報は何から得ればいいのでしょう。

ずばり、正解は人です。

私がある会社に勤めて営業をしていたときのことをお話ししましょう。

20代の頃のことです。

仕事は、電話をかけてアポイントを取り、説明をしに行って契約を取ること。エリアは東京の郊外が中心で、初めて行く場所がほとんどでした。

当時は現在のようにスマートフォンもGoogleマップもありませんから、外回りの営業マンはたいてい地図を持ち歩いていました。

でも、私は地図を持っていませんでした。どうしていたか。アポイント先の最寄りの駅に着いてから、交番のお巡りさんに行き方を尋ねていたのです。

お巡りさんは地域の道に精通していますし、交番にはたいてい地図もあります。いつもわかるまで親切に教えてくれました。

自分で地図を買って、調べて、道に迷いながら現地に着くのと、お巡りさんに道を聞いて迷わずに現地に着くのと、どちらが効率的かは、火を見るより明らかです。

お巡りさんに聞くことで、私は「早く」「正確な情報」を得ることができ、効率的に営業活動をすることができました。これが一因で、営業成績も全国トップ。自由に使える時間を増やすこともできました。

ここでのポイントは**「地域の道路事情に詳しい人に聞いたこと」**です。駅に着いて、むやみに通りがかりの人に道を尋ねても、ちゃんと答えてくれるとは限りません。地域の情報に精通している人に聞いたからこそ、スピーディーに目的地に着くことができたのです。

早く正確な情報を得るベストな方法は、その道に精通している人から情報を得ることです。

お金持ちになるための情報が欲しければ、お金持ちから直接情報を得ることです。

ジュガールには、「少ない力で多くのものを得る」という考え方があります。人から情報を得ることは、まさに「少ない力で多くのものを得る」ことにつながります。

お金の情報を得るためにお金持ちと人脈を構築する

お金持ちになるための情報が欲しければ、お金持ちから直接情報を得ることだとお伝えしました。そのためには、**お金持ちとの人脈を構築する必要があります。**

多くの方が、こう思われたのではないでしょうか。

「そうは言っても、周りに情報をくれそうなお金持ちの知人なんていないよ」

「どこに行けば、お金持ちに会えるかわからない」

「たとえ、お金持ちに会えたとしても、きっと、話が合わない。第一、相手にしてくれっこない」

無理もありません。私も昔はそうでした。気持ちはよくわかります。でも、皆さんと同じ立場だった私にもできました。皆さんにもできるはずです。

次節から私が実践してきたお金持ちとの人脈構築方法をお伝えしていきます。

お金に困らない人は情報に強い

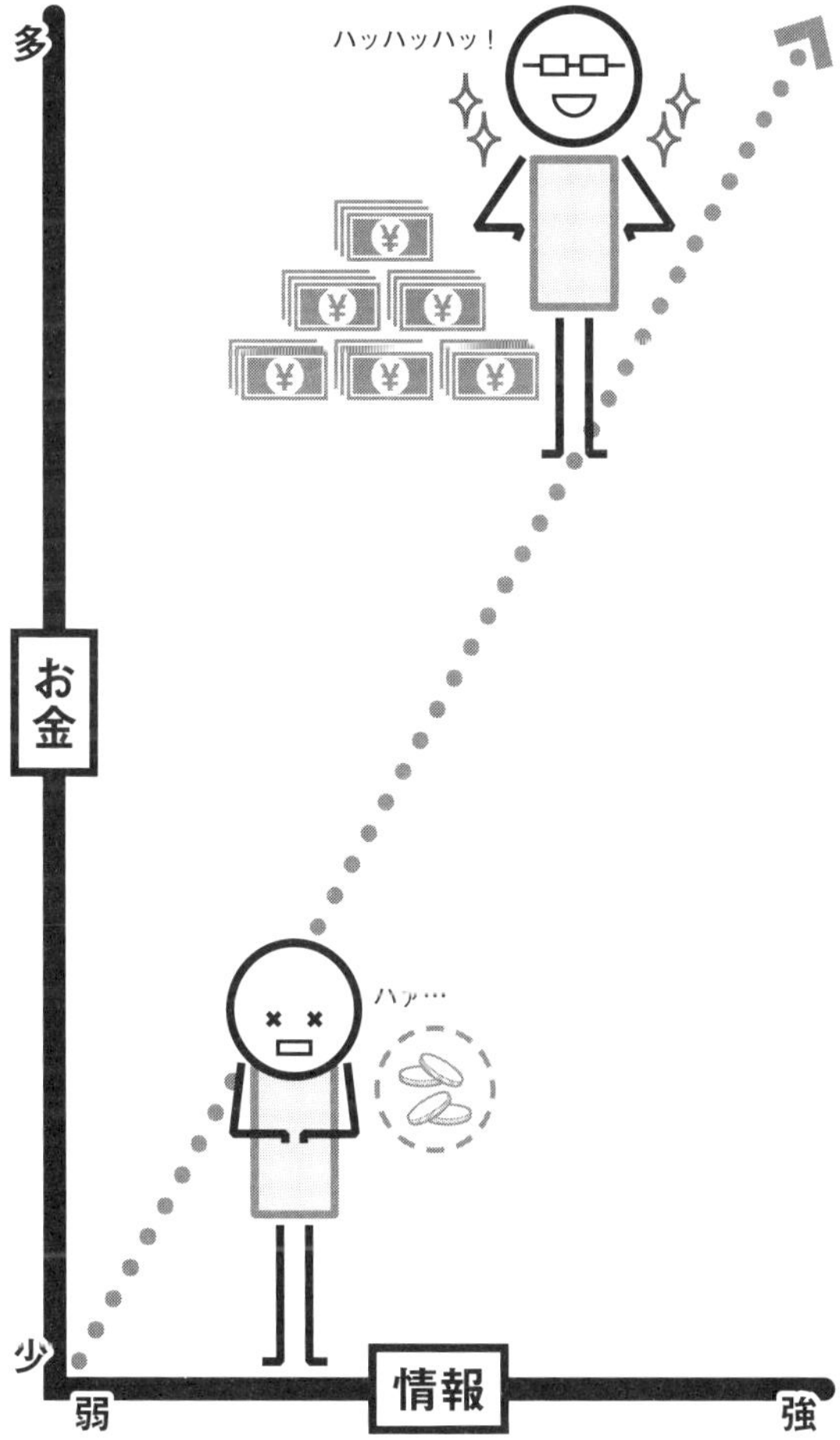

Secret 13

お金持ちとの人脈を築く3ステップ

! 自分の人脈を検証する

お金持ちとの人脈を築くには、次の3ステップがお勧めです。

【お金持ちとの人脈構築3ステップ】

1．自分の人脈を検証する

2．つきあう人脈を再構築する

3．お金持ち（＝成功者）に会う

まずは、**あなたの現在の人脈を人脈チェックリストでチェックし、検証しましょう。**

（121ページの人脈チェックリストは、ダウンロードプレゼントしています。詳しくは、巻末をご確認ください）

①この2週間、誰と会い、誰と電話やSNSで連絡を取ったか、リストアップする

②有益な情報をくれる人＝◯印、どちらでもない人＝△印、会うと自分のパワーや時間、情報が失われそうな人、どちらかというと微妙な人＝×印をつける

！ つきあう人脈を再構築する

検証ができたら、あなたにとって有益な人には、どんどん会うようにします。

あなたにとって有益な人とは、次のような人です。

モチベートしてくれる、注意してくれる、アイデアをくれる、困ったときに助けてくれる、よい人脈を紹介してくれる……。

有益でなさそうな人とは、少しずつ会う時間を減らしていきます。

もし、一緒にいてもあまりメリットがない人との飲み会が、これまで週2回あったのなら、週1回に減らしましょう。

一緒にいてメリットがある人とはどんな人か。

具体的にお金に関する知識がある人もそうでしょう。**一緒にいると何か学べることがある人、自分の成長につながる人もメリットがある人**です。

自分が将来、本当にお金に困らない人になりたいのであれば、その場が楽しいだけの飲み会や会食は減らすようにします。それによって**捻出《ねんしゅつ》できた時間は、新しい人や、あなたに有益な情報をくれそうな人と過ごす時間に回しましょう**。

時間は限られています。着実に成長につながることに使うべきです。

私も3年ほど前まで、12月10日以降の忘年会の時期は、毎日会食が入っていました。楽しかったけれど、それだけで、自分の成長にはつながっていませんでした。

今思うとムダな時間が多かったと反省しています。もし、飲み会に使っていた時間を、自分の成長のために使っていたのなら、きっと、私の成長のスピードはもっと速かったに違いありません。今は、「忘年会」という言葉を忘れているほど、年末は飲

人脈チェックリスト

日付	名前	チェック欄
月　日	ex）Aくん（中学の同級生）	×
月　日	ex）B係長（会社の上司）	○
月　日	ex）Cさん（飲み友達）	×
月　日	ex）Dさん（ママ友）	△
月　日		
月　日		
月　日		
月　日		
月　日		
月　日		

チェックの仕方

この２週間で会った人や連絡を取った人をリストアップ。有益な情報をくれる人＝○印、どちらでもない人＝△印、会うと自分のパワーや時間、情報が失われそうな人、どちらかというと微妙な人＝×印をつける。

⇧このシートは、ダウンロードプレゼントしています！

み会に行きません。意味のないムダな会食の予定も入れないようにしています。

その代わり、自分に役立ちそうな会食、同じ価値観を持った人との飲み会には行きます。家族と過ごす時間や、本当に大切だと思う人との時間も大切にしています。

その結果、**金銭的にも、精神的にも、桁違《けたちが》いに豊かになってきました**。

ファーストリテイリングの柳井正氏はこう言っています。

「本当の人脈は、自分の仕事を通じてしか築けないと私は考えている。夜の会合で人間関係を増やすより、自分の仕事で成果を上げ、『あの仕事ならあの人』と、周囲に認めてもらうことが先だと思ってやってきた」

皆さんも誰とどうつきあうかを意識してください。

"Choose the Right Person."（正しい人とつきあう）

誰とつきあうかで人生は変わるという印僑の大富豪の言葉です。

! お金持ち（＝成功者）に会う

人脈構築の第3のステップは、お金持ちや自分が目標とする業界のナンバーワンの人と会うことです。1億円、10億円の資産を持ちたいのなら、その規模の資産を持った人とつきあい、成功の秘訣を学ぶことです。多くの成功者に会ってわかったことがあります。

「成功者こそが、成功者になるための知識、アイデア、経験を本当に豊富に持っている」ということ。そして、お金持ちも、彼らから学ぶために、ほかのお金持ちに会いたいと思っているのです。

ピアニストになりたいのなら、ナンバーワンのピアニストと会ってつきあうことです。

私たちは楽なほうに、楽なほうに流されてしまいがちです。それは自分で自分の成長を止めていることになります。自分のレベル以上の行動を取ろうとしない。

ですが、自分のレベルを超えようとする気持ちが大事です。

「今会っている頻度の高い周りの5人の平均年収が、今の自分の年収になる」と言われています。今一度、あなたの人脈を見直してみましょう。

Secret 14

お金持ちとの縁のつなぎ方

! お金持ちと確実に縁をつなぐ3つの方法

では、お金持ちとどう縁をつなぐか。私がお勧めする主な方法は、次の3つです。

【お金持ちと確実に縁をつなぐ方法】

①直接、電話やメール、SNSを通してアポイントを取る
②人に紹介してもらう
③セミナーに参加する

お金持ちと縁をつなぐ方法

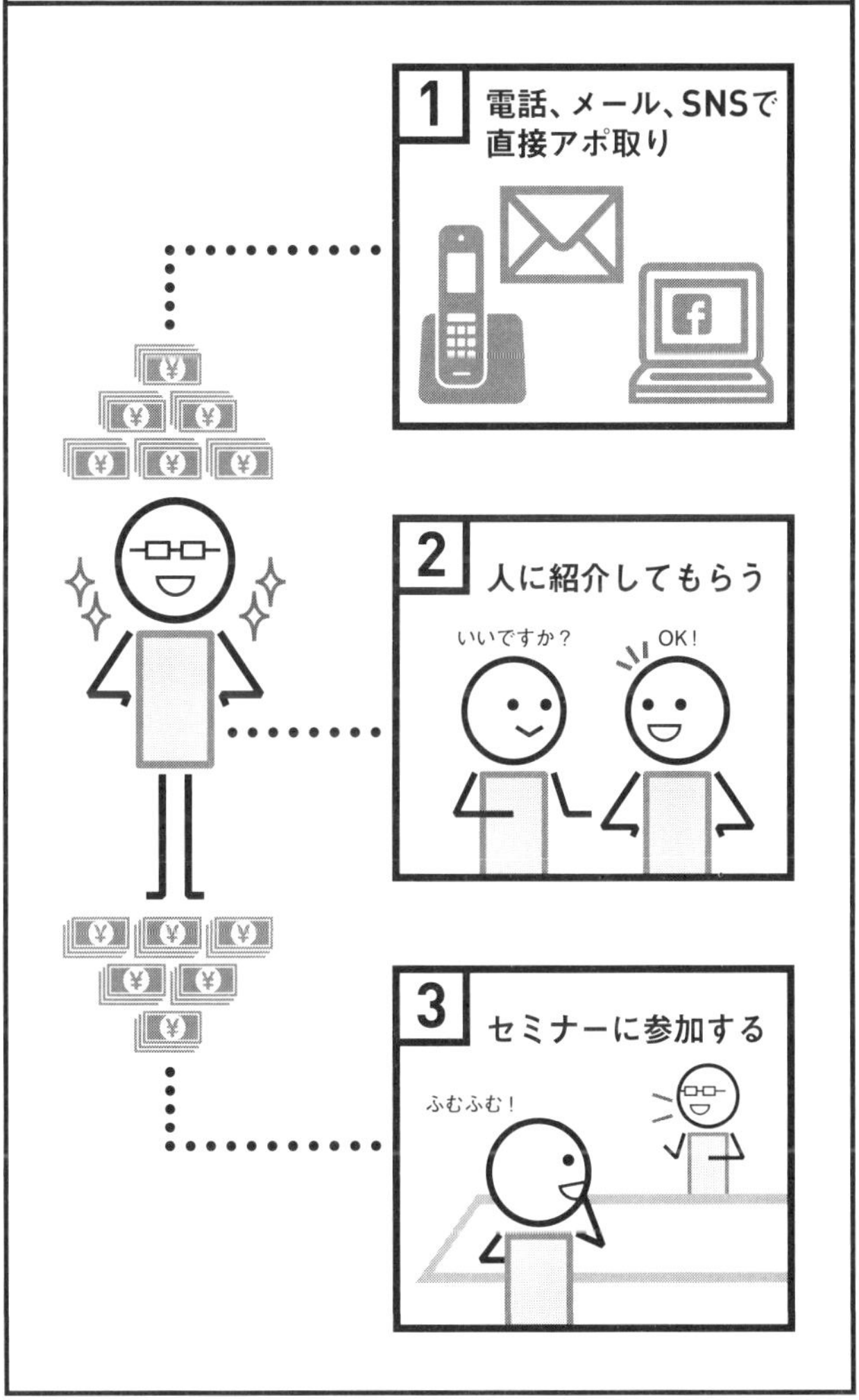
1 電話、メール、SNSで直接アポ取り
2 人に紹介してもらう
いいですか？
OK！
3 セミナーに参加する
ふむふむ！

！ アポイントを取るのはノーリスク&ハイリターン

それぞれのメリットや方法について説明していきます。

①の「直接、電話やメール、SNSを通してアポイントを取る」は、私が会いたいと思う方にアポイントを取るときに、よく使っている方法です。

会いたいお金持ちが具体的に決まっているなら、この方法がベストです。

なぜならば、**電話やメールなどでアポイントを取る方法は、ノーリスク&ハイリターン**だからです。

電話をかけて、たとえアポイントが取れなかったとしても、「アポイントが取れなかった」だけです。あなたが失うものは何もないはずです。

アポイントが取れて会えたとすれば、「お金持ちとの人脈作りのきっかけ」という大きなリターンを得られることになります。金の鉱脈を見つけるのには、莫大な投資が必要です。でも、電話やメールで人脈を作るのにはお金は必要ないのです。
もちろん、電話代はかかるでしょうが、微々たるものです。

！ いきなりの電話がベスト

電話、メール、ＳＮＳの中で、私が最初に試みるのは、**「いきなり電話する」という方法**です。相手がどんな重要人物であろうとまず電話します。

日本人の場合は、最初に「手紙を書く」という選択をする人が少なくないかもしれません。しかも、「手書きのほうが効果的」だと信じているので、下書きをして、何度も読み直しては書き直す。アポイントを取るのに恐ろしいほど時間をかけます。

たしかに、日本人は手書きの手紙をもらえば、より心がこもっていると思うかもしれません。でも、問題があります。**手紙を書いてアポイントを取るのは時間がかかる、**ということです。

お金を作るのにはスピードが大切です。

あなたの人生においても、時間は何より優先されるべきではないでしょうか。

電話は手紙よりもスピーディーに相手にアクセスできますし、直《じか》に話すことで自分の熱意や微妙なニュアンスを伝えることができます。話しているうちに相手の反応もつかめます。

【電話でアポイントを取るメリット】

・スピーディーに相手にアクセスできる

・直に話すことで熱意を伝えやすい

・相手の反応をつかめる

だから、私は電話でのアポイントを勧めます。

私は今、「カレーハウスCoCo壱番屋」の社長と親しくおつきあいをさせていただいていますが、最初のアポイントは携帯電話からでした。

私はCoCo壱のカレーが大好きで、あるとき「この味ならインドに店を出しても売れる」と思いました。次の瞬間、社長に電話していたのです。

面会は実現し、2013年からビジネスも本格的に稼働します。

手紙ではなく、1本の電話から、ビジネスのきっかけが生まれたのです。

! SNSで相手の機嫌を探れ

最近、私はSNSもアポイントに利用します。

ある世界的企業の元社長とどうしてもアポイントが取りたくて、電話をしたのですが、2度ほど秘書を通じて断られていました。

3度目は、何としてもアポイントを取りつけたいと思いました。そこで、彼のツイッターやフェイスブックをずっとチェックして、彼の機嫌のよさそうな日を見計らってアポイントを取ることにしました。

「今日はゴルフをして、○○を食べた。幸せな気分だ」というようなコメントが出たときに、すかさずフェイスブックでアポイントを入れてみたのです。

すると、ＯＫの返事がもらえました。本当の話です。偉大な人であってもＳＮＳをきっかけに会うことができるのです。

日本人の多くの方は、「電話をしても会えっこない」「相手にされるはずない」と考えるかもしれません。

ですが、後述する方法でトライしてください。

お金持ちと必ず人脈を作ることができます。

！ 会いたい人の名は常々口に出す

「お金持ちと確実に縁をつなぐ方法」の②は、「人に紹介してもらう」方法。とてもパワフルな人脈作りの手段です。

私が20代の頃、30回くらい電話でアポイントを試みても、なかなかお会いすることができなかった方がいました。ですが、たまたまその人と馴染《なじ》みの方と出会うことができました。紹介してもらうと、すんなり会うことができました。

人脈を作るとき、「人の紹介」はとてもパワフルです。

なかなか会えない場合は、「○○さんに会いたい」といろいろな人に言っておくと、ひょんなところでつながります。

自分のやりたいことがあったり、会いたい人がいるなら、口に出すこと。そうすることで夢が叶ったり、縁がつながったりすることは少なくありません。

！ セミナーでは短時間で多くのお金持ちに会える

新しくて上質な人脈をたくさん、しかも、短時間で作れる方法があります。

セミナーに参加することです。私がセミナーの講師をしているから、という理由でお勧めしているわけではありません。

もちろん、セミナー講師から成功のノウハウや、お金を増やすためのコツを直接聞けることも大きなメリットです。その**講師が何年も経験して得た成功の秘訣を数時間、あるいは数日でモノにできる**のですから、成功への近道といえます。

それだけではありません。

ある程度の金額のセミナーは、ある程度お金持ちや成功者が参加しています。最後のほうでは、たいてい参加者の交流の時間があります。

ここで、人脈を作ろうと心掛けると、確実にお金持ちとの人脈を作ることができます。あるテーマに興味を持って集まった参加者同士、ある意味共通の価値観を持っていますので、打ち解けやすいのです。

お金持ちとの人脈が一度できると、その人の紹介を通してさらにお金持ちの知り合いが増えていきます。親しくなれば、あなたのビジネスを応援してくれるでしょう。

ビジネスセミナーに参加した後、もしレストランを開業したとしたら、セミナーでできた仲間は、最初のお客さんになってくれるはずです。

！ SNSを活用して朝食会や朝活に参加する

私も若い頃はセミナーに関して懐疑的でした。セミナーに参加したくらいで成功できるわけがない。何となく胡散臭《うさんくさ》いし、大事なお金を投資してまで行く価値はない。その講師の著書を読めば十分だろう、と考えていたんです。

でも、それは大きな間違いだと後になって気づきました。

きっかけは、たまたま参加した元議員の方が主宰した朝の勉強会でした。参加したことで考え方が大きく変わって、自分の成長のスピードが加速するのを感じました。いろいろな著名人の方々と出会い、もちろん人脈もできました。

もし、あのセミナーに行っていなければ、今のような成功はつかめなかったでしょう。ただ、ひとつだけ後悔していることがあります。

もっと若い頃からセミナーに参加するべきだった、ということです。そうすれば、もっと速いスピードで成長できたでしょう。「セミナーにお金を出すのはちょっと」と考えるのであれば、無料のセミナーを探して行ってみる、という手もあります。

SNSを活用すれば、起業家のための朝食会、朝活、といったコミュニティーもたくさんあります。成功者から直に学ぶ。セミナーや朝食会に参加して人脈を作る、という体験にトライしましょう。

Secret 15

確実に良好な人脈を築ける人心掌握術

！ 縁をつなぐには相手の心をつかむ

新たに出会ったお金持ち、重要人物と、その後の縁をつないでいくためには、相手の心をつかむ必要があります。

どう心をつかむか。私の経験上、ポイントは次の3つです。

【お金持ちとのよい縁をつなぐポイント】

①相手のメリットを探し出し、提供する

②自分の印象をよくする
③相手を楽しませる会話術を身に付ける

早速それぞれについて説明していきます。

! 相手のメリットを探し出し、提供する

「相手のメリットを探し出し、提供すること」は、縁をつなぐためになぜ大切なのか。

恋人同士のことを考えるとわかりやすいと思います。

「この人と一緒にいるとなんだか（私の）心がなごむ」
「この人は私のことを大切にしてくれる」
「おいしいご飯を作ってくれる」

相手を好きになるきっかけは、自分にメリットがあるかどうか、である場合がほとんどです。

ビジネスにおいても同様です。「この人と会うといいこと（＝メリット）があるな」と思わせることがとても大切なのです。

メリットがあると思えば、人は初めてでも会いたくなりますし、会ってみてメリットを実感したら、次もまた会いたくなるものです。

数年前、私はあるインドの投資家に頼まれて、森ビルの当時の社長にアポイントを取る必要がありました。会社に何度かメールしました。けれど、いつも秘書の方から「忙しいから、お目にかかれません」という返事。取り次いでもらえませんでした。

大会社の社長ともなれば、毎日が多忙。会う相手を厳選していたのでしょう。どうすれば会えるか、私は頭を悩ませていました。チャンスは突然やってきました。

別の用で六本木のアークヒルズを歩いていると、向こうから森社長が歩いて来たのです。秘書かボディーガードの方と一緒でした。私は顔を存じ上げていたので、臆せずに声をかけました。

「森さんですか？　インドの投資家をご紹介したいのですが」と。

巨額な資金のかかる都市開発を手掛けてきた森さんは、海外資本には当然、興味があったはずです。そう考えて、まず、相手のメリットを話したのです。

作戦は成功しました。後日、インド人投資家と森さんとのミーティングをセッティングすることができました。

相手にメリットを提供することの大切さを実感しました。

誰もが提供できるもの＝情報

「あなたはインド人の大富豪との人脈を提供できる。普通のサラリーマンの僕は、何も持っていない。一体、何が提供できるのでしょうか」

セミナーでこんな質問を受けることがあります。私は次のように答えます。

「誰にでも提供できるものがあります。情報です。相手が欲しがる情報を提供すれば、必ず振り向いてくれます」

情報といっても、自社の大事な機密情報ではありません。

相手が関心を持ちそうなことを調べて話せばいいのです。

たとえば、私がサラリーマンで、自分の本を出したいとします。

そのために、一度だけ名刺交換をしたことがある出版社の役員と、もう少し親しくなりたいとしたら、次のようにします。

書店やインターネットで、出版業界の現状について調べたり、ベストセラーを何冊か読んで分析します。そのレポートを役員に送るか、直接、電話で話します。

自分の業界の事情であれば、誰もが知りたいし、どんな視点でとらえられているかは、興味があるはずです。

「こいつはなかなか面白い。一度、ランチでもしてみるか」となるでしょう。

誰かと親しくなりたかったら、まず、その人の興味のありそうなこと（メリットになりそうなこと）を調べて、徹底的に勉強することです。

「本を出したいから、会ってください」と言っても、たいていは断られます。

自分のメリットから入っているからです。

まずは、相手に与えることです。「ギブ　アンド　テイク」ではありません。

「ギブ、ギブ、ギブ アンド テイク」です。

「多くを与える」気持ちで人脈作りに取り組みましょう。

！ 見た目が9割

相手の心をつかむ2つ目のポイントは、「自分の印象をよくする」ことです。

どんな人でも、印象のよい人とはまた会いたくなるものです。特に大切なのは、第一印象です。

第一印象は、相手の脳裏に深く刻まれます。たいていのお金持ちは見た目を重視します。

"First Impression Forever."（第一印象は永遠に記憶に残る）です。

見た目対策をしっかり講じましょう。

勘違いしないでほしいのは、何も高いブランド物にこだわる必要はないということ。

日本には安くて格好いい衣料品がたくさん売られています。デザインがいいのに価格もリーズナブルなＺＡＲＡなどのファストファッションで構わないのです。自分に似合う、スマートで清潔なファッションを心掛けましょう。

新しい靴じゃなくてもいいから、ピカピカに磨く。ひげはきちんと剃っておく。人と会うときの最低限のエチケットも守りましょう。

！ 相手を楽しませる会話術を身に付ける

相手の心をつかむ３つ目のポイントは、「相手を楽しませる会話術を身に付ける」こと。アポイントを取りつけて、ようやく会えても、話がはずまなければ、相手は「もう一度会いたい」と思ってはくれません。

相手を楽しませるために私は次の３点を心掛けています。

①相手の状況（好きなこと、家族など）について調べておき話題にする

②相手を褒める

③会話にユーモアをいれる

先ほどもお伝えしましたが、相手は自分のメリットになると思えば、会ってくれる可能性は高いですし、あなたへ興味も持ってくれます。会社や仕事上のことだけでなく、**趣味や家族など相手の状況についてできるだけ情報を集めておきましょう。**

相手がSNSのユーザーなら、かなり多くの情報を得られることもあります。情報を得たら、それについて勉強します。

ゴルフが趣味なら、ゴルフについて勉強しておく。最近のゴルフに関するトピックをチェックしておく。甘い物が好きな人なら、最新のスイーツショップをチェックしたり、お土産にスイーツを持参してもいいでしょう。

初めて会った人だけでなく、気に入られたい上司や取引先の担当者との会話に使っても効果的です。

会った人を褒めることも、人間関係にプラスに働きます。

誰でも褒められれば気分がよくなり、褒めたあなたに好印象を持ちます。

たとえば、上司なら、「○○さんの営業のやり方、いつも勉強になります」「朝礼の話、すごく参考になりました」と尊敬の気持ちを込めて褒める。

褒められた上司は気分がよくなり、より多くのことをあなたに教えてくれるはずです。あなたの成長は加速します。

初対面の人なら、「その時計、ステキですね」「白いお色がお似合いですね」と持ち物や洋服をさりげなく褒めます。名刺の名前や肩書を見て、「きれいなお名前ですね」「難しい資格をお持ちなんですね」と言ってもいいでしょう。

相手は「そうでもありません」と謙遜《けんそん》するかもしれませんが、気持ちは和らいでいるはずです。すると、その後のコミュニケーションは円滑になります。

人と話すときは、さりげなく相手を観察し、褒めるところを見つけるように努力しましょう。

３つ目は会話にユーモアを入れることです。

私は会話や研修で笑いやユーモアを重視しています。「笑い」があることで、その場の雰囲気が元気になりますし、緊張していた相手の気持ちも緩みます。

インド人の私が日本で「笑い」を取るのは、そう簡単ではなかったので、日本のお笑い番組を見て研究しました。

ただ、自分が楽しむためにお笑いを見たのではなく、「研究」しながら見たのです。

特にフォーカスしたのは、私が日本でお笑いのトップレベルだと思うタモリさんや明石家さんまさんの番組です。

一朝一夕には身に付きませんが、繰り返し研究することで、少しずつユーモアのセンスを磨くことができました。

ポイントは「どのタイミングで人が笑ったのか」「何で今、自分は笑ったんだろう」という点を意識しながら見ること。

ただ漠然と見ているだけでは、何事も身に付きにくいものです。

Secret 16

出費を抑えてお金持ちとつきあう方法

! 百貨店で買ったワインを贈る

お金持ちと縁ができた。会話術も身に付けた。でも、立ちふさがる壁はまだあります。**お金のない自分がいかにお金を使わずに、お金持ちの彼らとどうつきあい続けていくか、**という問題です。

「できるだけ出費を抑えて、彼らにたくさん喜んでもらう」ためにどうすればいいか、私は頭をひねりました。しかし、「少ない力で多くのものを得る」というジュガールの教えを意識している私にとって、この問題解決は意外と簡単でした。

たとえば、誕生日の贈り物。

私は起業したての頃、お得意さんや取引先になりそうなお客さんに片っ端から誕生日を聞き、カレンダーに記入していました。もちろん、プレゼントを贈るためです。お金がたくさんある彼らに私が何を贈ったか。できるだけ下調べをして、彼らの好みに合うものを贈るようにしました。ですが、好みがわからないこともありました。

そんなときに**よく贈ったのが、百貨店で買ったリーズナブルなワイン**でした。

ワインは種類が多く、よほど詳しい人でない限り、値段はわかりにくいもの。一流の百貨店の包装紙でラッピングされたワインであれば高級感も出ます。

誕生日にワインを持参して渡すと彼らはとても喜んでくれました。

お金を使わず、ジュガールの教えを使ったのです。

！ いかに出費を抑えるか、win winの戦略を練る

社長の接待でもジュガールの教えが役立ちました。

私は仕事柄、社長の接待が多いのですが、銀座あたりだと安くてもひとり1万円はかかります。一度や二度ならそれでもいいのですが、何人もの社長と会いますので、回数は増えます。

そこで、起業したての頃、ある高級インド料理店とタイアップすることにしました。「年間に10回は必ず来るから、僕にはひとり当たり飲み放題付きで4000円にしてほしい」と交渉したのです。

飲み物はフランスワインではなく、リーズナブルなインドワインをテーブルに出してもらいました。「インドのレストランだから、今日はインドワインを飲みましょう」と言えばいいわけです。

日本人の場合、インドビールを飲んでみたいという人が多いのですが、インドビー

ルは輸入品。少し高額で、飲み放題には入っていません。

そこで、店の人に「2本まではインドビールを出して、あとは『インドビールは冷えてないから、日本のビールでもいいですか』と言ってください」と頼みました。

さらに「この社長さんたちはきっとリピーターになって、新しいお客さんを連れてくると思うから、もう一品何かサービスして」と店に交渉しました。

社長さんたちは、みな心から満足してくれました。

これはひとつの戦略です。


私は年間の経費が抑えられて嬉しい。

社長たちは飲み放題付きの高級インド料理に満足。

店側は裕福な顧客を獲得して、リピーターが増え喜ぶ。

ジュガールの教えを使ったことで、全員がwin win winになれたのです。

chapter 3
ハイリターンな投資先は「人脈」

[まとめ]

1 情報がお金を連れてくる。

2 お金の情報を得るためにお金持ちと人脈を構築する。

3 新しい人や、あなたに有益な情報をくれそうな人と過ごす時間を作る。

4 成功者こそが、成功者になるための知識、アイデア、経験を豊富に持っている。

5 成功者へのアポイントは「いきなり電話する」という方法がベスト。

6 いかに出費を抑えるか、win winの戦略を練る。

chapter 4

お金持ちが身に付けている習慣

Secret 17

「トリプルS」を習慣づけて収入倍増！

！ お金が必ず増えるキーワード「トリプルS」とは？

この10年で、私は100億円以上の資産を持つ大富豪、100人以上と会ってきました。彼らと話す中で、見つけた大富豪の共通点、それは「トリプルS」です。スピード（Speed ＝速い）、ストラテジー（Strategy ＝戦略）、スマート（Smart ＝賢い、知恵がある）です。彼らはみな「トリプルS」を習慣にしています。

どんなことにもスピーディーに取り組み、戦略を練って事にあたり、情報に敏感でとても賢く行動します。

お金が増えるキーワード「トリプルS」

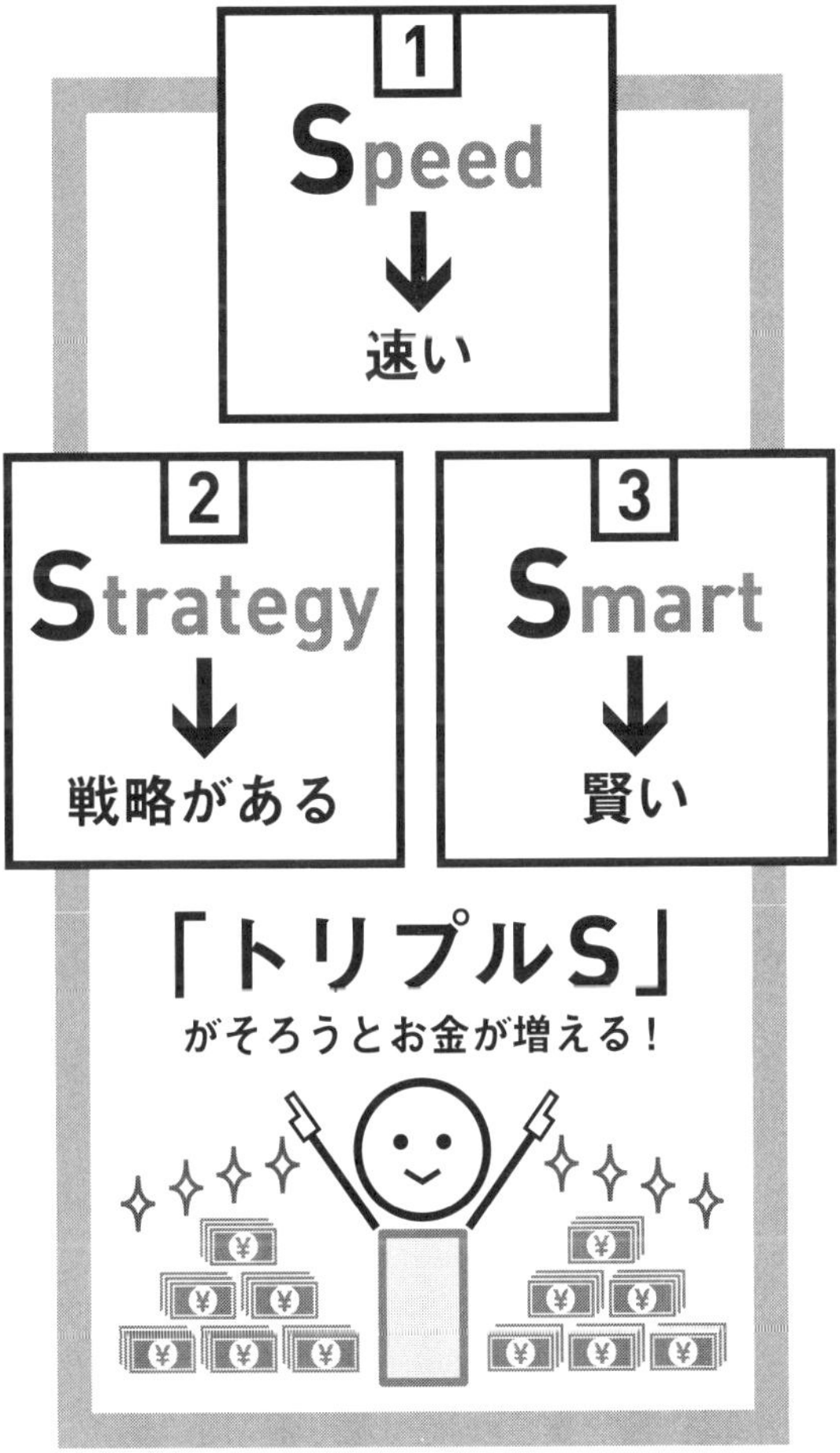

私も彼らから学び、この3つを意識するようになってから、面白いように成功のサイクルに入って行きました。

【大富豪の共通点】

・スピード（Speed＝速い）……何事にもスピーディーに取り組む
・ストラテジー（Strategy＝戦略）……戦略を練って事にあたる
・スマート（Smart＝賢い）……情報に敏感。賢く行動している

「トリプルS」のそれぞれについてもう少し詳しく見ていきましょう。

！ 大富豪の9割は「スピード」を武器にしている

「トリプルS」の中で特に大富豪たちが重要視しているのが「スピード」です。

「お金持ちになるための秘訣は何ですか？」と大富豪たちに質問すると9割が、**「大**

事なのはスピードだよ」と答えました。インド人だけでなく、日本人でも、欧米人でも同じです。スピード感を持って取り組むことで、成長が加速します。

アップルの創業者、スティーブ・ジョブズもスピードにこだわったことで有名です。大学を中退してゲーム会社アタリに入社したときからすでにスピード感を強く意識していました。何かに取り組もうとするとき、**数年、数か月という単位ではなく、常に数週間、数日という単位で予定を組んでいた**と言います。

アップル創業後も、社員が数か月の計画を提示すると、ジョブズは**「一晩で成果を上げてほしい」**と言いました。

そして、次々と常識を超える速さで商品開発を進めていったのです。

アップルが、創業後わずか4年で株式上場を果たし、約35年で時価総額世界1位の座に上り詰めたのは、ジョブズの、常識をはるかに超えるスピード感があったからこそなのです。

イソップ童話に有名な「ウサギとカメ」の話があります。

足の速いウサギは、カメより先に行ったものの、昼寝をしてしまったため、カメに追い抜かれてしまいます。

コツコツ歩みを進めるカメも悪くはありません。昔話ならそれでよかったのでしょう。ですが、現代はスピードが命です。**何か成し遂げようと思うのなら、ウサギになること**です。スピーディーにゴールを目指してください。昼寝さえしなければ（＝気を抜かなければ）、誰よりも先にゴールに到着できるのですから。

! 自分の枠を超えて考えるクセをつける

スピード感を出すために有効なのは、**「自分の枠を超えた思考をする」**ことです。たとえば、**今の自分の目標設定の期間を1／6に短縮できないか考えてみましょう。**時間感覚としては、今まで1時間かけてやっていたことを、10分で終わらせるイメージで考えてみるのです。

たとえば、5年後に家を持とうと思うのなら、「10か月で家を持つことができないか。そのための方法はないか」考えてみる。10年で資産を現在の倍にするのが目標なら、「20か月で資産を倍にできないか。その方法はないか」考えてみるのです。

私のセミナーでも、「今の自分の目標設定の期間を1／6に短縮できないか考えてみましょう」と質問をします。

彼らの多くは、しばらく考え「できる方法がありそうです」と答え、実際にプランを発表してくれます。参加者のひとりで保険のセールスマンのAさんは、『すぐに行動すること』と答えました。

そして、セミナーの休み時間にすぐに5人のアポイントを取り付けました。

彼の営業成績はあまり振るわなかったのですが、セミナーの後から変わり、2年で驚くほど成績を伸ばしました。

自分の能力をすぐに上げることは難しいものですが、すぐに行動することは誰にでもできます。「すぐにやろう」といつも意識してみてください。結果は自ずとついてきます。

最初から「1年はかかる」と枠を決めてしまうと、その通りにしか行動しません。「もっと早く成果を上げる」「すぐにやる」と決めれば、それなりに行動もできるようになります。

- **「Aを成し遂げるには1年かかる」と枠を決める→その通りにしか行動しない**
- **「Aを2か月で成し遂げる方法もあるかもしれない」と枠を超えて考えてみる→脳はその方法を探し始める→スピードアップできる**

今の計画をぜひ見直して、「自分の枠を超えた思考」をし、成長のスピードを速めてください。大切なのは考えてみることです。考えてみようとしなければ、知恵はどこからも生まれません。

「自分の枠を超えた思考」は、ジュガールでも大切にしている考え方です。

もっと知りたい方は前著42ページに詳しく書きましたので、ぜひ読んでください。

自分の枠を超えて考える

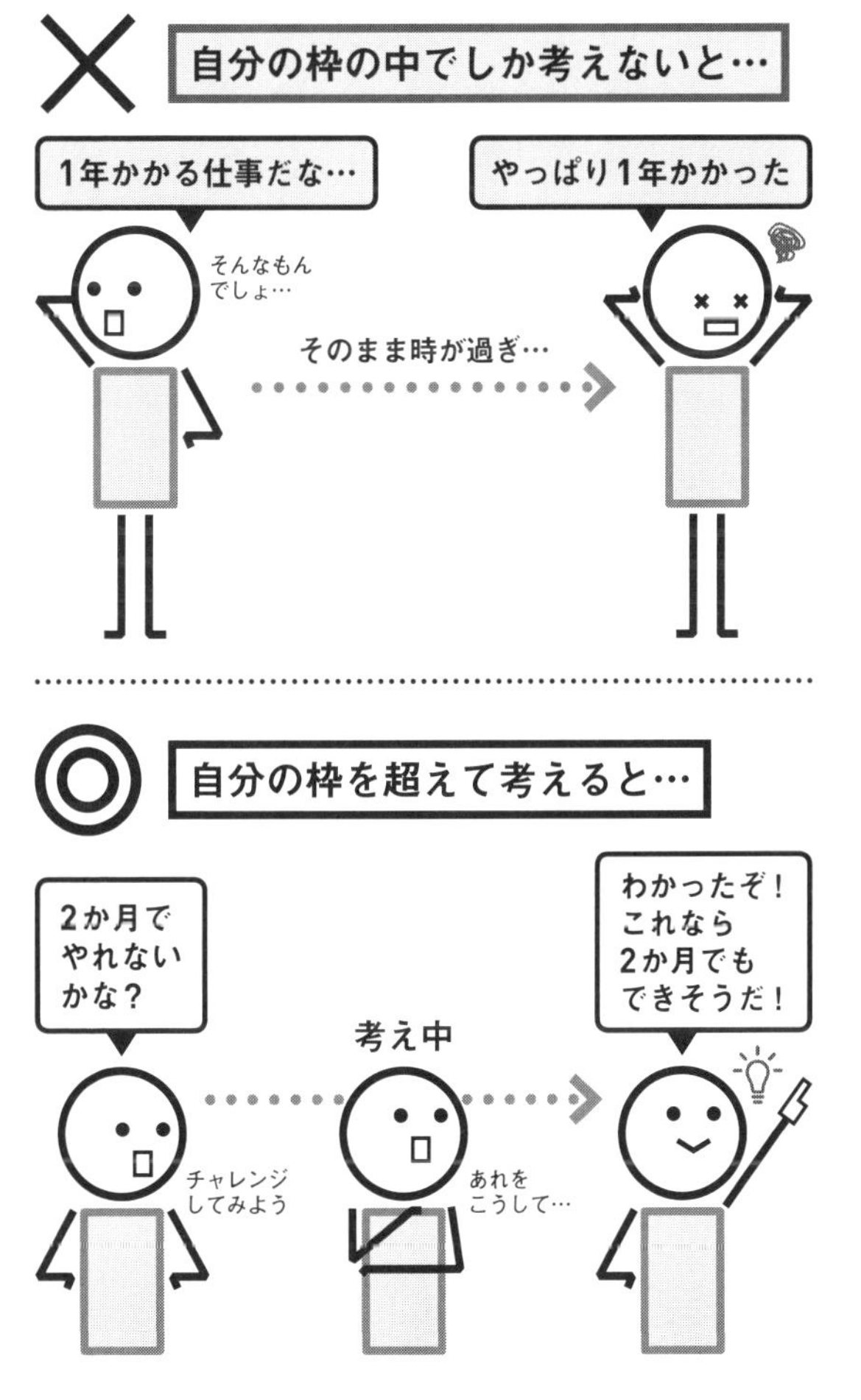
自分の枠の中でしか考えないと…
1年かかる仕事だな…
そんなもんでしょ…
そのまま時が過ぎ…
やっぱり1年かかった
自分の枠を超えて考えると…
2か月でやれないかな?
チャレンジしてみよう
考え中
あれをこうして…
わかったぞ!これなら2か月でもできそうだ!

！お金持ちは時間を大切にする

お金持ちはスピード感を大切にすると同時に、時間をとても大切にしています。

アメリカの鉄板焼きレストランチェーン「ベニハナ」の創業者、故ロッキー青木さんの奥様、青木恵子さんは親しい友人のひとりです。彼女は次のように言います。

「**もし、残りの人生が30年だとしても、約1万日しか残っていない**。1万日をどう大切にするかが大事なんですよ」

たとえば、1万円というお金は、大切にしないとあっという間に使ってしまいますよね。1万日の人生も同じです。ボーッとしているとあっという間に過ぎてしまいます。1日、1日が貴重です。

「今日という1日をどう使うか」、よく考えてください。

残業ばかりして、家族と過ごす時間が少なかった人は、家族と過ごす時間を増やしてください。親孝行をしていなかったのなら、親孝行をしてください。
やりたいことがあるのなら、始めてください。

いつか楽しもうと思っていても、もう遅いのです。いつか親孝行をしようと思っても、手遅れになるかもしれません。

変わろうと思った瞬間から変わることができます。

仕事を大事にしながら、家族のこともおろそかにしない、バランスのいい生き方をしましょう。

Secret 18

「戦略」を考えてから行動しなさい

! どうすれば自分自身に有利か考える

「トリプルS」の2つ目はストラテジー、戦略です。

何も考えないで行動するのと、自分なりの戦略を立てて行動するのとでは、結果はまるで違ってきます。

そもそも「戦略」とは何でしょう。

私が考える戦略とは、「アンテナを張って誰よりも賢く事前準備をする」ことです。

先ほど、お話ししたAさんの「誰よりも早くアポイントを取る」というのも、ひとつの戦略です。戦略が功を奏し、彼の営業成績はどんどん上がったといえます。

スポーツでも必ず事前に勝つための作戦を考えています。お金に関しても同様です。たとえば、子どもが生まれると、洋服、おもちゃ、学校や習い事、子ども部屋が欲しい、病気にかかったなど、成長に合わせてお金がかかるので、事前にしっかりとお金を準備することを心がける、といったことがあるでしょう。これも家庭における戦略です。

何も考えないで行動してしまうことが、一番問題です。最初は2つとか、3つでもいいと思います。戦略を立てて行動するようにしましょう。

・戦略とは「アンテナを張って誰よりも賢く事前準備をする」こと

! ダメダメ営業マンが4つの営業戦略でトップの成績を獲得

私は自分で起業する前、日本で電話の回線を販売する飛び込み営業をしていました。

フルコミッション（完全歩合制）でしたが、一軒一軒飛び込みでお客さんを訪問していく日本的営業スタイルに馴染《なじ》めず、成績もダメダメでした。

ところがジュガールを学び、戦略的に動くことで、４か月連続国内トップの成績を獲得することができました。

具体的には、次のような戦略を持って行動したのです。

・**ほかの人が目をつけない地域に営業をかける**↓競合のいない場所を探した
・**回線の多そうな業種に集中して電話する**↓大きなマーケットにフォーカスした
・**時間を決めて次々と電話をかける**↓時間管理を徹底する
・**ほかの人の力を借りて、効率的に動く**↓他人の協力を得る

自分の会社はもちろん、私のように回線を売る他社のセールスマンもたくさんいました。彼らはみな東京都内の企業に電話で営業していました。面倒なのか、遠い場所にまで足を運ぼうとしなかったのです。

私はあえて横浜の十日市場など、東京から離れた地域を狙《ねら》いました。**競合が少ないので契約を獲得しやすかった**からです。業種は電話回線が多そうな証券会社や工場にフォーカスしました。相手によっては一度に何回線も契約が取れました。

また当時から、私は独立を決めていて、ほかの会社の顧問も務めていました。時間がなかったので、時間管理を徹底しました。

具体的には、だいたい次のように時間を使っていました。

・8時半〜10時頃まで　アポイントタイム（毎日3件のアポイントを取るのが目標）
・11時〜12時　ランチ（空いている時間にゆっくり食事。戦略を練る）
・12時〜13時　移動時間（電車が空いているので座れる）
・13時〜17時　アポイント先訪問

時間の使い方のポイントとしては、ひとつは**何件アポイントを取るか、目標を明確**

にしていたこと。

朝の1時間半で最低3件のアポイントを取ると決めていたので、断られたからといって落ち込んでいる時間はありませんでした。次々と電話をかけまくりました。

1件あたりの電話にかける時間も決め、8分にしました。経験上、それ以上長く電話で話をしても、契約が取れないことが多かったからです。時計を眺めながら電話して、長くなると相手に失礼にならないように切りました。

食事時間や移動時間はほかの人よりも早く動くことで、余裕を持つようにしました。データ入力など、自分が苦手な作業は、入力が得意な**ほかのスタッフに助けてもらいました。**スタッフに対してフィーが発生しましたが、自分の時間を持つことを優先したのです。

【時間の使い方のポイント】

- **一定の時間内でやるべき目標を立てる**
- **どの仕事にどのくらいの時間をかけるか決める**

・混雑を避けるため、ほかの人より早く動く
・人の力を借りて自分の時間を作る

この戦略で動き始めてから、みるみるうちに私は営業成績が上がり、収入も桁《けた》違いに増えました。「戦略もなく、ただ働いていては、決して人より多くのお金を得ることはできない」と実感しました。

！ 情報がお金を連れてくると考えよ

3つ目のSは「スマート」、情報に敏感になって賢く行動する、ことです。

あまりお金を稼げていない人は自分の時間を使ってお金を稼ごうとします。残業したり、アルバイトをしたりして、自分の時間とお金を交換するのです。

お金を稼いでいる人は情報を大切にし、質のよい情報を集めたり、情報を持っている人とつきあったりして、賢くお金を稼いでいます。

なぜ、情報に敏感になると、お金を稼げるのか。

簡単な例でいえば、もし、「Aさんの家の冷蔵庫が壊れている」という**情報をいち早く察知**して、営業に行くことができれば、冷蔵庫を販売できる可能性は高まります。

もし、Bという町に駅ができるという情報を早く察知して、周辺の土地を安く手に入れることができれば、駅ができたときには大金を手にできます。

情報はお金を生み出すツールでもあるのです。

今や情報は溢れていて、インターネットからも、テレビからも、書籍からも得ることができます。ただ、私が一番お勧めするのは、人から情報を得ることです。

たとえばホテルの情報は、本やインターネットからも得られます。ある程度の概略を知るにはいいでしょう。でも、最近泊まったことのある人から直接聞けば、「食事の内容」「ベッドの寝心地」など、リアルな質の高い情報を得ることができます。

もっとも質の高い情報を得られるのが、「人からの情報」なのです。できるだけ多くの人とコミュニケーションを取ることをお勧めします。

人からの情報が一番質が高い

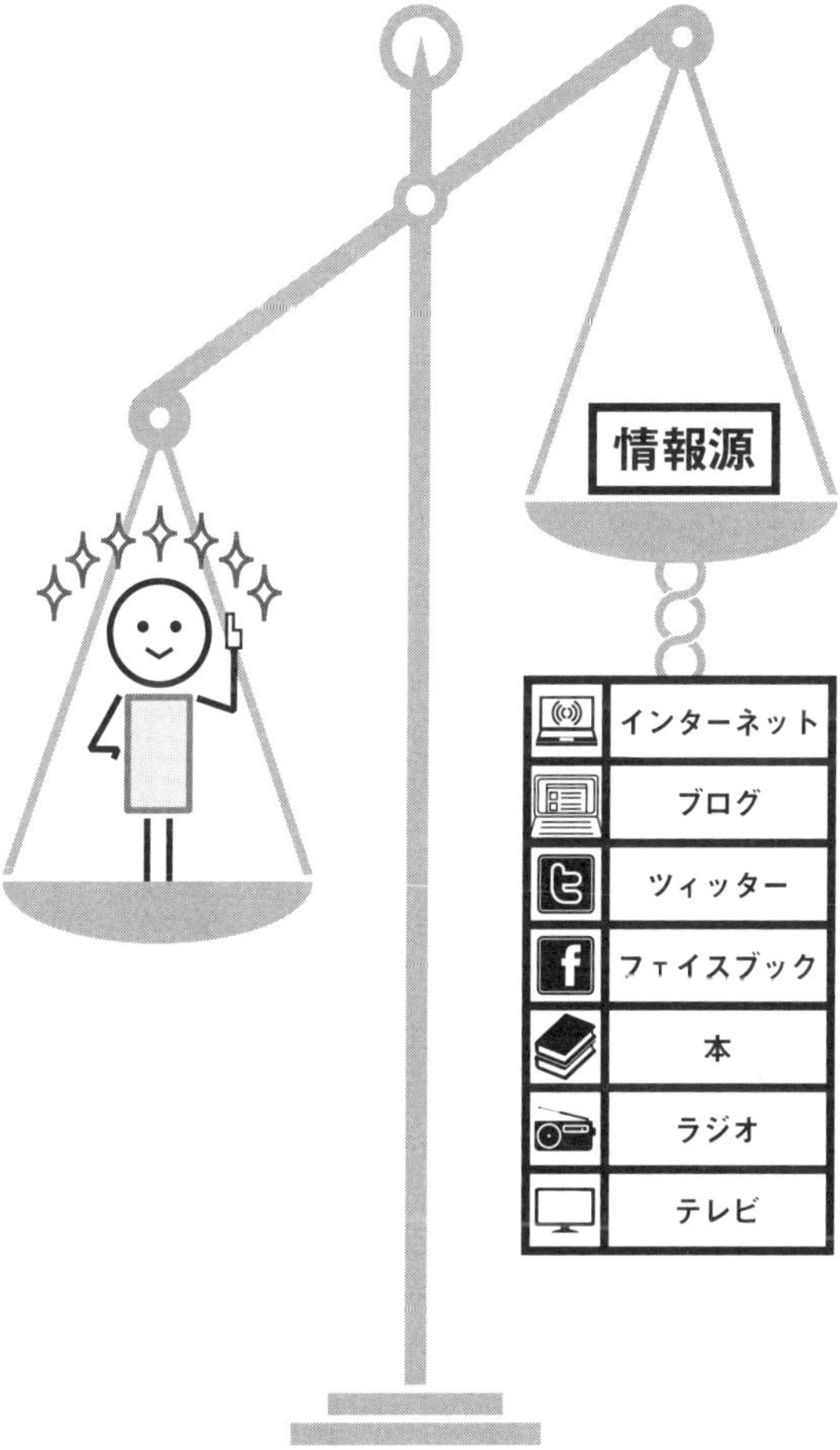

Secret 19

大きく儲けることを考える

!「1000万円儲けよう」という発想を持つ

現在のインドの場合、銀行の金利は7〜8%です。でも、インドのお金持ちは、「たったそれだけ？　利回りは30〜40%じゃないとばからしい」と考えます。そして、今、インドは不動産の価格が上がっているので、不動産に投資したりします。

お金持ちは常に「もっと大きく儲けよう」と発想するのです。

もし、「2万円儲けよう」と決めたら、あなたは「どうすれば2万円儲けられるかな」と考えるはずです。そして、プランを立てて実行し、２万円を儲ける（もしくは、何か節約をして捻出《ねんしゅつ》する）でしょう。

では「１０００万円儲けよう」と決めるのはどうですか？　「それは非現実的」だと思うかもしれませんが、実は同じです。

「１０００万円儲けよう」と発想すると、「どうすれば１０００万円儲けられるかな」と脳は必死に考えます。私なら１０００万円儲けている人に話を聞きに行くでしょう。

現実的にすぐには叶わない場合もあるかもしれません。

ですが、「２万円儲けよう」と考えているときよりも、はるかにスケールの大きな行動を取るようになり、実際に２万円よりもはるかに大きな額を手に入れられるはずです。要は「大きく考えること」が大切なのです。

！ 金利で儲けるという発想を持つ

日本は金利で儲けようという概念があまりありません。インドやほかの多くの国々では、金利で儲けるのは常識です。

日本は今、国内の銀行に預けても年利0・01％程度。1年間、100万円預けても、1回のATM手数料でなくなってしまうのは日常茶飯事です。

その反面、日本は住宅ローンの金利も安いというメリットがありますので、仕方ないと思っている人も多いかもしれません。

ですが、外貨にもっと目を向けて、「金利で儲ける」という概念、あるいは「もっと儲けたい」という気持ちを持つと、お金を増やすチャンスが多くなります。

たとえば、オーストラリアドルの外貨定期預金の金利は、2013年7月28日現在で2％くらいです。単純に計算しても100万円を2年預けると、102万円になるわけです。税金や手数料が引かれますが、それでも大きい。

ただし、為替変動のリスクがあります。お金について積極的に勉強し、よく理解した上で始めること、まずは少額から始めることをお勧めします。

金利で儲ける

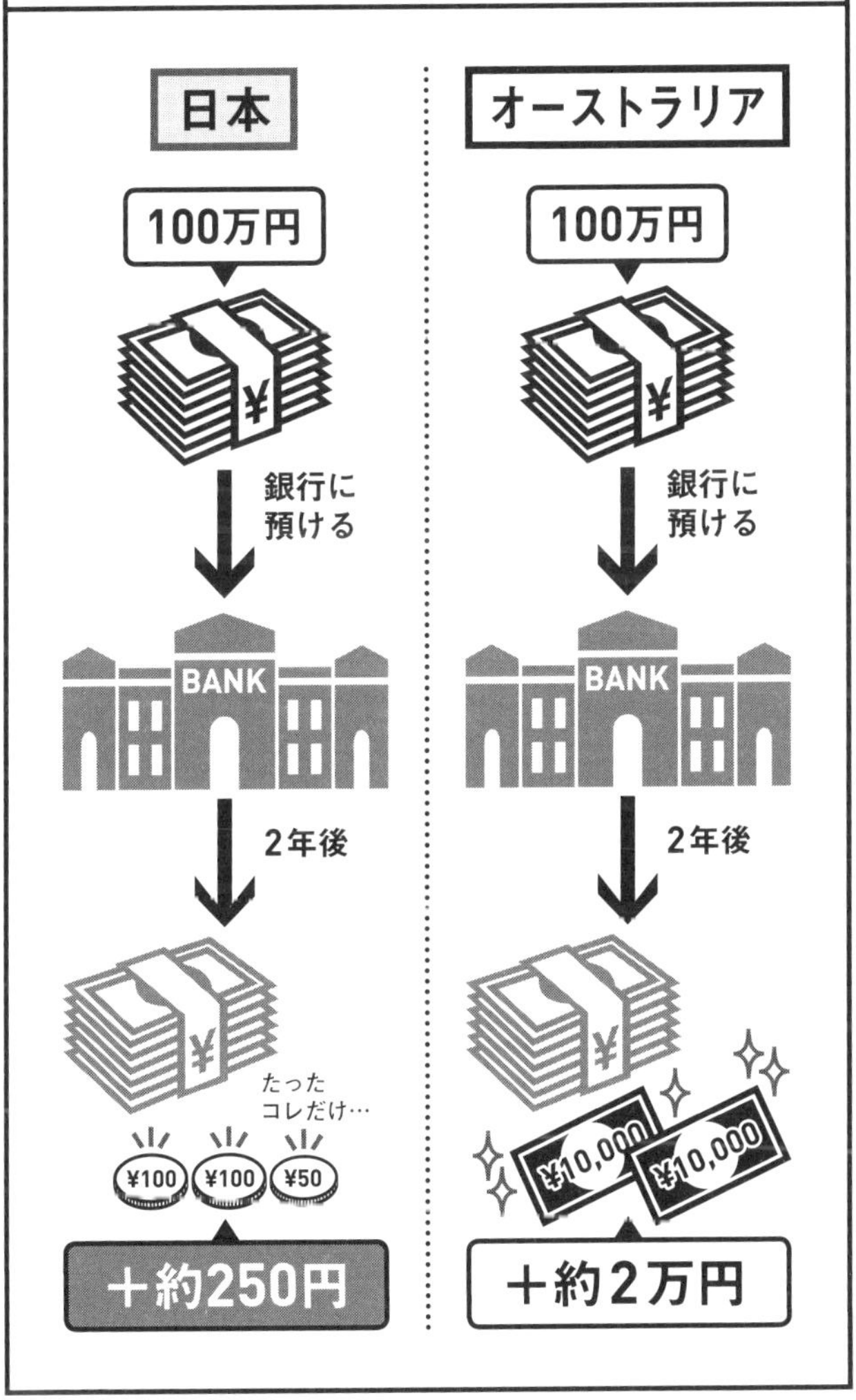
日本
100万円
銀行に預ける
BANK
2年後
たったコレだけ…
¥100
¥100
¥50
＋約250円
オーストラリア
100万円
銀行に預ける
BANK
2年後
¥10,000
¥10,000
＋約2万円

Secret 20

自己投資こそがもっともリターンの多い投資

！ 学びの場は街に溢れている

繰り返しになりますが、**自己投資はもっともリターンの多い投資**です。ここでは少し詳しく自己投資について考えていきましょう。

自己投資というと、日本では「資格取得のための学校に行く」という方が多いのではありませんか？

中にはひとりでいくつもの資格を持っている人もいて、驚くことがあります。

大学を卒業した後に、学校に行き、資格取得に投資することは決して悪いことではありません。ただ、ジュガール的に考えると、学校に2、3年通うよりももっとよい方法があります。

たとえば、「ホテルマンになるには、専門学校でホテルマネジメントを学ばなければならない」と考えてしまいがちです。

ですが、一流のホテルに泊まりに行くだけでも十分勉強ができます。

泊まってみて、そのホテルが一流といわれる所以《ゆえん》や、サービスの優れている点を自分なりに分析する。働いている人に「どういうことを心掛けているか」質問してみる。

机上では得られない知識を、早く、多く学べます。

学びの場は街中に溢れています。

日本人はあまりにも論理的に複雑に考える傾向が強いと思います。

インドの大富豪たちは、複雑に考えません。お金の勉強をしたいからと、わざわざ

MBAを取得しに行く人はあまりいません。むしろMBAを持っていなくても大成功している人は山ほどいます。

「物事はシンプルに考える」というジュガールの教えを身に付けているからです。

複雑に考えないので、スピード感があり、早く成功します。

! 自己投資で欠かせないのは英語の勉強

お金を増やすために欠かせないのは、英語力を身に付けるための自己投資です。

英語力を身に付けると次のようなメリットがあるからです。

・世界のお金持ちとコミュニケーションが取れる
・世界の情報をいち早く得られる
・自分の枠を広げられる

世界のお金持ちといわれるほとんどの人たちは、英語が母国語か、母国語でない場合でも、会話に困らない程度に身に付けています。英語が話せるようになると、彼らと話す機会が得られたときに、直接コミュニケーションが取れるようになります。

世界はインターネットでつながり、いつでも外国の情報が得られるようになりましたが、ほとんどが英語で書かれています。日本語の情報は圧倒的に少ないのです。

お金を稼ぐためには情報が不可欠だと重ねて伝えてきましたが、海外のネットにもチェックすべき情報がたくさんあります。

世界情勢、経済に影響力のある人たちの発言や行動などです。**外国で起きたことや外国人の動きが、日本経済を大きく左右する**からです。

2013年に入ってから、日本の株式市場が大きく揺れ、一時日経平均株価が1万6000円間近まで行ったものの、5月23日に記録的な急落をしました。いわゆる「5・23ショック」です。これは、日本の株を買っていた外国人投資家の影響といわれています。

外国人の投資動向は要チェックなのです。

外国の状況は、すぐに翻訳されてニュースで流れるから必要ないと思うかもしれません。でも、繰り返しになりますが、必要なのは「スピード」です。

いち早く情報を得ることで、人よりもお金を稼ぐことができたり、損をしないで済むようになるのです。

英語ができると自分の仕事の場を日本に限定する必要もなくなります。世界中で仕事ができるようになります。自分の枠、自分の活躍の場を広げることができるのです。

ぜひ、英語力を磨くための自己投資をしてください。自己投資できるお金が限られているのなら、英会話カフェもありますし、オンラインで格安で英語を教える会社もあります。自分に合った方法で英語を身に付けましょう。

! お金持ち体験に投資する

お金持ちになるために、私が惜しみなくお金を使ってきたのは、「お金持ち体験」への自己投資です。

お金持ちになる近道は「お金持ち体験をしてみる」ことです。

お金持ち体験をすることで2つのメリットがあります。

ひとつは、お金持ちのマインドを知ることで、自分のモチベーションを上げられること。もうひとつは、お金持ちと会ったときに、話のネタになることです。

【お金持ち体験のメリット】
・モチベーションを上げられる
・お金持ちと会ったときの話のネタにできる

もし、自分が「5年後にベンツを購入したい」と思うのなら、レンタカーでいいからまずベンツに乗ってみます。お金がなければ、販売店に行って試乗してみるだけでもいいでしょう。「試乗すると、買わされそう」と心配する人もいるかもしれません。ですが、「今日は買いません」と言って買わなければいいのです。

実際に乗ってみて、乗り心地、ドライブの感覚、シートやハンドルの触り心地、そして周囲からの視線……。すべてを体で感じてみます。

すると、モチベーションが一気に上がり、「どうすれば一刻も早く手に入れられるか」自然と考えられるようになります。

「いつかはザ・リッツ・カールトンを定宿にするお金持ちになりたい」と思うのなら、1泊でいいから泊まってみましょう。

リッツ・カールトンで最上級のサービスや寝心地、窓からの景色などを堪能して、お金持ちがいつも味わっている気分を体験してみます。

お金はかかりますが、夢を実現するスピードは確実に加速します。ハイリターンの投資と言えます。もし、泊まるだけの資金がなければ、ホテル内のレストランでランチを食べるだけでも構いません。

体験をするのと、しないのとでは、大きな差が生まれます。

お金持ち体験をしておくと、お金持ちとの話題もできます。

ベンツに乗っているお金持ちと車の会話になったとき、「いい車にお乗りですね。僕も以前ベンツを運転しました。安定感が最高ですね」と言えれば、相手との距離も縮まります。

豪邸に住みたいのなら、豪邸を見学してみる。

クルーザーが欲しいなら、クルーザーに乗ってみる。

高価な宝石が欲しいのなら、宝石を見に行ってみる。

お金持ちのライフスタイルを体験すると、あなたにとって多くの気づきもあるでしょう。体験のために出費があったとしても、見返りの多い投資です。

早速、試してみましょう。

Secret 21

金運を上げる3つの習慣

ポジティブに考えるとなぜお金が増えるのか

ここからは大富豪たちが実践している「金運を上げる3つの習慣」についてお話しします。気になるその習慣とは次の3つです。

- **ポジティブ・パラダイムに入る**
- **瞑想《めいそう》をする**
- **見栄を張る**

これまで会った多くの大富豪たちに共通している心の在りようがあります。

「物事をポジティブに考えている」ということです。


「お金持ちは物事をポジティブに考えている」のです。


なぜ、ポジティブだとお金持ちになるのでしょう。

皆さんはこんな経験がありませんか?

「今日は大安だ。何かいいことが起こりそうだ」と思って行動していると、本当にいいことが起こる。「やっぱり大安だから、いいことが起きた」と合点がいく……。

ここで大切なのは「大安だ」と思ったことで「心がポジティブになった」ことです。

「ポジティブに考えて行動していると、いろいろなことがうまくいくサイクルに入りやすくなる」のです。

では、どうすれば、ポジティブに考えて行動できるようになるのか。

印僑のお金持ちたちから学んだ方法をお伝えしましょう。

「ポジティブ・パラダイム」に入ることです。

ポジティブ・パラダイムとは、「ポジティブな考え方や行動のパターン」のこと。ポジティブ・パラダイムに入るといえば、「自分の考え方と行動をポジティブパターンのサイクルに入れる」ということです。

！ 成功者は瞑想を欠かさない

金運を上げるためには、毎朝、ポジティブ・パラダイムから1日をスタートすることです。ポジティブ・パラダイムに入る簡単な方法が、瞑想をすることです。

瞑想と聞くと、スピリチュアルなイメージがあり、敬遠する人もいるかもしれません。ですが、**世界の名だたる経営者や成功者が、生活の中に瞑想を取り入れています**。

世界を変えた故スティーブ・ジョブズ氏も、アメリカのヒラリー・クリントンさんも、ＪＡＬをわずか2年で黒字に変えた稲盛和夫氏も瞑想をしています。

朝4時から8時までが頭がすっきりと働くゴールデンタイムといわれますが、稲盛氏は朝早くから瞑想をしているそうです。朝の時間がベストです。

なぜ、成功者たちが瞑想をするのか。瞑想をすることで、ポジティブなパワーが全身にみなぎって、ポジティブなことを引き寄せ、ポジティブな人に出会うことができるからです。ひらめきもあります。知恵が高まっていきます。

瞑想によって幸福感が得られ、幸福感に満たされていくと金運が高まります。アメリカの大学の臨床研究でも明らかになっています。

瞑想といっても30分も40分もやる必要はありません。少しの時間でいいのです。足も坐禅のように正式に組まなくても大丈夫です。

朝は起きたら、リビングの椅子に座って、目を閉じ、静かに呼吸を繰り返しながら、2分くらい瞑想をするだけで1日が変わってきます。

瞑想のポイントは次の3つです。

・目を閉じる
・呼吸を意識する
・余計なことは考えない

！ステータスや見栄にお金を使う

インドの大富豪たちは見栄を張ります。いい服を着ていいカバンを持ち、ステータスを大事にしています。

普段の生活でもちょっとだけ見栄を張るようにしましょう。といっても高いものじゃなくていいのです。たとえば、ちょっと何かを入れるにしても、量販店の紙袋じゃなくて、百貨店の紙袋にする。それだけで、周囲の見る印象は変わります。その小さなこだわりがお金を呼びます。

余計な見栄はいりません。たとえば、５００万円しか手元にないのに、１０００万円の時計を買う。それはステータスではなくて、ただの借金です。

自分なりに、ライフスタイルにこだわりを持つようにしてください。

あるインドの大富豪の話をします。

彼は、起業したての頃、事業を爆発的に拡大するために、どうしても優秀な人材が必要でしたが、小さな会社で、思うように採用できずに困っていました。

彼は思い切って、採用の面接をオフィスでするのをやめて、会員制の高級ホテルですることにしました。若者は豪華な会員制クラブで面接されると、「この会社に入ったら豪華ないい思いができそう」と、いいイメージを持つと考えたからです。

最初はクラブの会費が高く、会社の収益を圧迫していました。ですが、高級ホテルでの面接が話題になり、優秀な人材を引きつけることに成功しました。いい人材は、高い利益を得るのに欠かせません。その会社は何十倍もの利益を得ることに成功したのです。その会社はベダンタ・リソーシズという多国籍の鉱業・資源グループの会社で、今や彼は大富豪になっています。

見栄を張ることはとても大切なのです。

chapter 4
お金持ちが身に付けている習慣

[まとめ]

1 大富豪の共通点は、スピード（Speed＝速い）、ストラテジー（Strategy＝戦略）、スマート（Smart＝賢い、知恵がある）。

2 自分の枠を超えて考えるクセをつける。

3 「今日という1日をどう使うか」よく考える。

4 金利で儲けるという発想を持つとお金が増える。

5 自己投資はもっともリターンの多い投資だ。

6 「お金持ち体験」への自己投資は、お金持ちへの近道。

7 ポジティブに考え、瞑想を欠かさない。

chapter 5

お金持ちになる お金の貯め方、使い方、管理の仕方

Secret 22

消費を抑えて、お金をしっかり有効活用する

! 貧乏人は稼いで消費する。お金持ちは稼いで投資する

「どんなに働いてもお金が貯まらない」「気づいたらいつもお金がなくなっている」。誰もがそんな経験があることでしょう。**そもそもの原因は、収入よりもお金を使いすぎているから**です。

30万円しか収入がないのに、40万円のバッグを買ってしまったら、どうなるでしょうか？ 10万円の赤字です。額は人それぞれでしょうけれど、「お金が貯まらない」人の多くは、収入以上に消費をしています。

貧乏人は稼いで消費をし、お金持ちは稼いで投資をしているのです。

お金のない人が必要以上に消費をしてしまうのは、「消費を意識していない」からです。**消費を意識するか、しないかが、貧乏人とお金持ちの分かれ目**です。


消費を意識して、ぐっと抑えるコツをお教えしましょう。

消費は４つのステップで抑えることができます。私自身、個人的な消費が増えてくると、この方法で消費を抑えています。もちろん、私だけでなく、誰にでもできるカンタンな方法です。


最初のステップは、「消費内容を把握」することです。「自分の収入や支出がいくらか」「何にいくら使っているか」を一覧にして明らかにします。

自分が「何にいくら使っているか」わからない人は意外と多いものです。何にお金が消えていくのかわからなければ、ムダの減らしようもありません。

現状の消費内容を把握したら、**第２のステップは「現状を分析」します**。何がムダか、異常値がないか見てみます。

異常値とは、ほかに比べて突出して高い数値のことです。

電気代が多いならムダに使ってないか、チェックしてみます。それほど使っていないのに水道料金が異常に高ければ、水道管が壊れていないか、確認が必要です。

交通費が異常に多かったのなら、どうして金額が高くなったのか、減らすことは可能か、考えてみます。

分析して何がムダかわかったら、**第3のステップでは、ムダをなくしたり、減らしたりする「行動に移す」**ことです。

最後の**4つ目のステップでは、行動に移したことでムダが本当になくなったか「検証」**します。

これを3か月、繰り返してください。ムダは必ずなくなります。

【消費を抑える4ステップ】

①消費内容を把握する……「自分の収入や支出がいくらか」明らかにする

②現状を分析する……「何がムダか」「異常値がないか」分析する
③行動に移す……ムダを省く行動をする
④検証する……翌月の支出をもとにムダをなくせたか、検証する

「把握」「分析」「検証」は、会社では多くの人がやっていると思いますが、自分のお財布のこととなると、なかなかやろうとしません。シンプルな方法ですが、効果は想像以上です。ぜひ、試してください。

! 消費チェックシートで消費内容をしっかり把握する

消費内容を把握する一番よい方法は、いわゆる家計簿（私は消費チェックシートと呼んでいます）をつけることです。

「えっ、そんなもの面倒で続けられない」と思っている人がいるかもしれません。ですが、会社では経費の精算をしたり、見積もりを作ったりしているはずですから、そ

う難しくはないでしょう。長く続けなくても大丈夫です。

ひとまず「3か月消費チェックシートをつけてみる」と決めて始めてみましょう。

「3か月だけ」と限定すると案外できるものです。

消費チェックシートと言っても、昔ながらの出納帳のようなノート形式にこだわる必要はありません。リビングに大きな模造紙を貼っておき、レシートを項目ごとに分類して貼りつける。月末にまとめて計算してみる、という方法もよいでしょう。

アプリを活用する手もあります。「ReceReco（レシレコ）」というアプリは、iPhoneのカメラでレシートを撮影するだけで、購入日時や店舗情報、品目や金額までレシートの情報を自動入力。しかも、情報は食費や光熱費などのカテゴリー別に整理されて、グラフで表示できるという優れものです。

大切なのは自分ができる方法で「やってみる」ことです。やると必ず何かに気づき、支出を意識するようになります。

（193ページの消費チェックシートは、ダウンロードプレゼントしています。詳しくは、巻末をご確認ください）

消費チェックシート

		年				
		ex） 月	ex） 月	月	月	月
1	家賃	70,000円	70,000円	円	円	円
1	水道光熱費	11,001円	11,899円	円	円	円
1	新聞代	0円	0円	円	円	円
1	携帯電話代	7,216円	6,920円	円	円	円
1	税金	54,340円	54,340円	円	円	円
2	貯金	30,000円	30,000円	円	円	円
2	運用資金	13,000円	13,000円	円	円	円
3	食費	52,341円	38,914円	円	円	円
3	カード支払い	14,520円	23,516円	円	円	円
3	洋服代	8,650円	1,580円	円	円	円
3	自己投資	26,149円	20,800円	円	円	円
4	合計	287,217円	270,969円	円	円	円
4	前月との差	円	16,248円	円	円	円

1 毎月ほぼ定額のもの
2 貯金・運用資金も入れる
3 月で変動するもの、カード支払いも把握
4 合計や比較もする

⇧このシートは、ダウンロードプレゼントしています！

Secret
23

消費チェックシートで支出をがっつりセーブ

!
消費チェックシート記入の4大ポイント

消費チェックシートをつける際、４つのポイントがあります。きちんと内容を把握したり、ムダを省いたりするために欠かせないポイントです。

【消費チェックシート記入のポイント】
① 固定費と変動費を分けて考える
② カードの支払い内容を把握する

③ **月ごとに各項目の比較をする**

④ **チャート化して見えるところに貼る**

！ 固定費と変動費は、分けるとムダが一目瞭然

消費チェックシート記入のポイントのひとつめは、**固定費と変動費を分けて考えること。ムダを見つけやすくなります。**

固定費とは、ある程度一定の額で定期的に支払うべき費用のことです。住宅ローンや家賃、駐車場代、通信費、水道光熱費、新聞代などです。毎月出ていくお金で、減らすのは比較的難しいのが特徴です。貯金や投資などの運用費もここに入れます。

変動費とは、月によって支払う金額にバラツキがある費用のことです。食事代、洋服代、旅費、交際費などです。

固定費はほぼ決まっているわけですから、全体の家計でみると次のように考えることができます。

！節約するなら、変動費を見直せ

見直しやすいのはこの変動費です。

食事はしないわけにはいきませんが、洋服は買わなくても生活していけます。おつきあいを減らせば、外食も減らすことができます。

まず、この変動費の中からムダを見つけていきます。

外食が多くなっていないでしょうか。タバコやお酒などの嗜好品にお金を使いすぎていないでしょうか。すべてを急にやめる必要はありませんが、減らすことはできるはずです。今まで、1箱吸っていたタバコの本数を少しでも減らす。週に3回飲みに行っていたのを2回にする。パチンコの予算を決めて、一定の額以上は使わないようにする。

自分のお金の使い方を振り返ってみましょう。

家計はまず「変動費」から見直す

固定費もときには見直しが必要です。

携帯電話の通信費は常に新しいプランが出ています。場合によっては、家族でキャリアを同じにすることで、かなり安くなることもあるでしょう。

今、毎月約2万円近く電話代を払っている場合、見直しで1万5000円にできたとしたら、1年間で、6万円ほど浮くことになります。

固定費は毎月のことですから、減らせた場合、1年のトータルではかなり大きな額が削減できます。

! 見栄のためのベンツは必要か

何気なく、当たり前のように所有している車も本当に必要かどうか、検討する余地はあります。

私の友人のひとりが、ベンツに乗っていました。彼は会社勤めで給料は月数十万。

しかも、とても仕事が忙しいので、ベンツに乗るのは休日だけ。乗らなくても、駐車場代や税金がかかり、彼の家計を圧迫していました。

私は「すぐにベンツを売ったほうがいい」とアドバイスしました。

ときには見栄を張ることも大事ですが、**家計を圧迫するほどの見栄はまったく必要ありません**。


地方などで生活の足となっている場合は別ですが、休日のドライブやショッピング程度にしか使わないのであれば、わざわざ所有する必要はないでしょう。

車は駐車場代や洗車などの維持費がかかる上、税金も払わなければなりません。

日常的に使わないのであれば、レンタカーで十分ですし、カーシェアリングという方法もあります。

私も数年前までは、車を所有せず、使いたいときだけレンタカーを利用していました。必要性を感じなかったからです。

私は「ケチになれ」と言っているのではありません。**「必要のないところにお金を使うのはムダだから、やめましょう」**と言いたいのです。

せっかく稼いだお金なのですから、ムダに使わずに、人生が楽しくなるような有効なことに使いましょう。

そのためには、ひとつひとつ見直して、ムダをなくすことが大切です。

! クレジットカードは1枚持つ。ただし使わない

消費を減らすためのひとつの方法は、クレジットカードを使わないことです。

緊急時のために1枚は持っていたほうがいいかもしれませんが、それ以外は使わないようにしましょう。

収入が少なかったり、社会人になって日が浅く、お金のコントロールが十分にできなかったりする場合はなおさらです。

なぜ、クレジットカードは使わないほうがいいのか。

お金を使っている感覚が薄い状態で買い物をしてしまいがちだからです。キャッ

シュなら、使えば使っただけお財布の中身が減りますから、なくなっていく感覚がつかめます。ところが、クレジットカードはサインひとつで買い物ができ、たいていは月ごとにまとめて請求がきます。購入時にお金が減っている感覚を持ちにくいので、つい使いすぎてしまうのです。

ポイントやマイルが貯まるから、という理由で、何でもかんでもクレジットカードを使う人もよく見かけます。**「ポイントがたくさん貯まる」＝「お金をたくさん使っている」**ということに気づいていません。

もし、どうしてもポイントを貯めたいのであれば、家賃や水道光熱費などの固定費をクレジット払いにするのがいいでしょう。

私の周りで、若くても金銭感覚が鋭く、お金をどんどん貯めている人は、ほとんどクレジットカードを使っていません。25歳で1200万円の貯金があるビジネスマンを知っていますが、彼はクレジットカードを1枚も持っていません。

たしかに、クレジットカードは便利です。銀行に行かなくて済みますし、クレジット会社によって、旅行保険が付いたり、割引で商品が買えたりといった、魅力的な特典が設定されています。法人のクレジットカードで経費の支払いなどに使う場合は、利用明細書が一覧になるので便利です。

クレジットカードはお金を管理できるステージに行ってから持つようにしましょう。

！ 毎月チャート化し見えるところに貼る

消費チェックシートを月ごとに記入したら、チャート化（＝グラフ化）して、いつも見えるところに貼っておきましょう。

食費にいくら使っているか、交際費にいくら使っているか、電話代はどれだけなのか。「何にいくら使ったのか」を常に意識します。すると、**コスト（＝費用、支払ったお金全般のこと）意識が芽生えてきて、ムダ遣いを減らせるようになります。**

先ほどもお話ししましたが、私もプライベートで出費がかさみ、お金を使いすぎていると感じるようなときは、妻に頼んで家計簿をつけてもらうことがあります。

するとが引き締まり、何かを買うときにも「ムダではないか」とより意識するようになるのです。

! 財務プランを立てればお金が増える！

多くの人はお金を使った後に、何にいくら使ってしまったと考えがちです。お金持ちは目標を持って、収入から何にいくら配分するかをプランニングします。

今の収入をベースに、支出、返済、貯金、運用の配分を決め、財務プランを立ててみましょう。

ポイントになるのは、目標（ゴールと言ってもいいでしょう）を持ち、それに対してプランニングすることです。

3年後に家族で海外旅行に行きたい（＝ゴール）のなら、旅費にいくらかかるかを調べて、その達成のために削れるお金は削っていく。無理のない範囲でプランを立てていきます。だいたい3年分くらいはしっかり立てるとよいでしょう。

プランを立てると、今の収入では海外旅行が難しいことがわかってくるかもしれません。「奥さんがパートに出る」、あるいは「投資で稼ごう」となるかもしれない。

つまり、**目標を明確にして財務プランを立てることで、今すべきこと、日々やるべきアクションがわかってくる**のです。

「お金がないから海外旅行に行きたくても行けない」とぼやいているだけでは、残念ながら一生行けません。

海外旅行に行きたいなら、それに向けたお金のプランを立てて、そのために今何をすべきかを考えればいいのです。

「やりたいな」と思うことと「(それを実現するための)普段の行動」をできるだけ結びつける。そのためにも財務プランは欠かせないのです。

(205ページの財務プランシートは、ダウンロードプレゼントしています。詳しくは、巻末をご確認ください)

目標達成のための財務プラン（例）

目標：家族で海外旅行

目標金額：72万円

	2013年	2014年	2015年
収入（手取り）	4,000,000	4,015,000	4,030,000
ローン	1,200,000／年		
食費	600,000／年		
光熱費	300,000／年		
保険	100,000／年		
交際費	480,000／年		
通信費	360,000／年		
自己投資	360,000／年		
金融投資	60,000／年		
その他支出	50,000／年		
貯金	250,000	265,000	280,000
海外旅行のための貯金	240,000	240,000	240,000

（円）

⇧このシートは、ダウンロードプレゼントしています！

Secret 24

上手に投資してお金をジャンジャン増やす

!

投資をするときは専門家の意見をしっかり聞く

お金を増やすには投資が欠かせません。

ですが、投資をする場合は、自分でよく勉強し、信頼できるメンターや投資に詳しい専門家、3人以上にアドバイスを受けながら進めるようにします。

自分や家族が重い病気になったとき、生命を守るために、その病気や治療について当然勉強しますよね。ひとりの医師だけでなく、セカンドオピニオンに相談するのも一般的です。

投資も同じです。自分が稼いだお金を守り、増やしていくためには、投資についてよく勉強し、複数の専門家の意見を聞くのは当然のことなのです。

私も大きな投資をする際には、**必ず、信頼するファーストオピニオンとセカンドオピニオン、サードオピニオンに相談してきました**。今でもそうです。

お金持ちたちがお金を増やすために常に心がけていること、それは「正しく意思決定する」ことです。

意思決定を「正しく」するために、専門家のアドバイスが不可欠なのです。

【投資をする際にやるべきこと】

・投資についてよく勉強すること

・複数のメンターや専門家にアドバイスを受けること

！ 知らないものに投資をするのはやめなさい

絶対にやってはいけないことは、「知らないものに投資する」ことです。

知らないものに投資すれば、お金が戻ってこない可能性が高くなります。

多くの人が犯してしまう過ちは、何の知識もなく、「友だちに言われるままに」、あるいは「証券会社の人に勧められて断りきれずに」投資をしてしまうことです。

友だちがその道のプロで、投資で成功している人なら別ですが、単に「親しいから」という理由で投資話に乗ってはいけません。

そうやって失敗している人はたくさんいます。

証券会社の人の勧めるままに投資をしてもいけません。証券会社の人は、売りたい商品を勧めてきます。「あなたが儲かるかどうか」ではなく、「会社として売りたいかどうか」で判断をした金融商品を勧めてくるのです。

【投資をする際にやってはいけないこと】

・内容をよく調べずに投資すること

・友だちや証券会社に勧められるままに投資すること

友だちや証券会社に勧められて、断りきれない場合もあるでしょう。そのときはどうするか。

「少し考えてみます」と返事をして、ほかのメンターや専門家に相談しましょう。間違っても、その場で承諾してはいけません。

損をしたとき、友だちや証券会社のせいにしても後の祭りです。失ったお金は戻ってきません。「自分の大切な資産は自分で守る」ことが、お金を失わないための鉄則です。

Extra Secret

今、儲けたいなら株式投資がお勧め

！ 今、何が本当に儲かるのか。金融商品のメリット・デメリット

アベノミクスで日本の景気は上昇傾向にあると言われます。

「投資」「投資」とお話ししてきましたが、今、一体何に投資をすればよいのか。金融商品のメリット・デメリットなどを紹介しますので、投資の参考にしてください。

【株式投資】

株式投資で期待できる収益は、次の3種類があります。

・キャピタルゲイン（値上がり）
・インカムゲイン（配当）
・株主優待

それぞれについて説明します。

キャピタルゲインとは、持っている株の値段の変動によって得られる収益のこと。

アベノミクスで景気がよくなり、投資した企業の利益が上がって、当該企業の株価が上昇すると、値上がりによる利益が期待できます。

２０００円だった株が、３０００円に値上がりすると、１０００円の利益となります。１０００円の利益がキャピタルゲインです。

ちなみにキャピタルゲインの「キャピタル」は「資本」、「ゲイン」は「儲け、利益」という意味です。

逆に投資した企業が利益を上げられないと、株価が大幅に下落して、投資した金額が目減りすることもあります。

2000円だった株が、1000円に値下がりすると、1000円の損。これを「キャピタルロス」といいます。

インカムゲインとは、株を持っていることで継続的に受け取れる収入のことです。株主は投資した企業の上げた利益の一部を配当金という形で受け取ることができます。ただ、成長中の企業の場合は、儲かったお金を事業拡張などに使い、配当金を出さない場合もあります。

配当金を出していた企業でも、業績が悪くなると、配当金が減らされたり、あるいは配当金がもらえない可能性もあります。

株主優待は、企業が感謝の気持ちを込めて株主に対して贈るものです。株主優待の内容は、自社製品や商品券など、いろいろです。

なお、投資した企業が倒産した場合には、投資したお金が限りなくゼロに近くなる可能性があります。

【ＦＸ】

ＦＸとは、簡単にいえば、外貨を買ったり売ったりしてその差益を稼ぐ投資。

たとえば、１００円で１USドル買った場合、１USドルが１１０円になったときに10円が利益になります。

また、日本の金利と投資した外国の金利差を狙った投資もできます。

たとえば、日本の金利が０・１％でアメリカの金利が２・１％だった場合には２％分が利益になります。ただし、為替手数料などコストがかかります。

ＦＸの最大の魅力は、投資した金額の最大25倍までお金を借りて投資できる点。

たとえば、10万円お金を投資すると２５０万円の範囲内で投資ができます（レバレッジ効果といいます）。

ただ、お金を借りて投資するわけですから、思惑がはずれて投資した外国の為替の値段が大幅に下がった場合には、最初に投資した金額がゼロになるリスクがあります。

【定期預金】

元本が減る心配はありませんが、インフレに弱い。

たとえば、物価が2％上昇しているのに、利率1％だと、実質1％の損。金融機関が経営破たんした場合、1000万円までは保証されますが、それ以上の金額は保証されない可能性があります（ペイオフといいます）。

【不動産投資】

現物資産でインフレに強い。土地、不動産の値段が上がると、資産も増える効果が期待できます。難点は、相対取引のため、流動性の問題から値上がったからといってすぐに現金化ができない問題があります。

固定資産税や管理費等の諸経費がかかることも念頭におく必要があります。

【純金積立】

純金を毎月一定の金額で購入して積み立てる金融商品。純金は相場があり、安いときには同じ金額でもたくさん積み立てられ、逆に、高くなると少量の積み立てになります。金《きん》は電子機器などにも使われているため、景気がいいと、そうした商品の販売も好調になり、金は値上がりする傾向がありますが、逆に景気が悪くなると、下がる傾向があります。

ここで金と税金のお話をしておきます。税法の改正で、日本は今後、増税になるといわれています。平成26年4月から8％、平成27年10月から10％です。

増税の際、金で儲ける方法もありますので、説明します。

純金は買うときは地金の価格に消費税を上乗せして払い、売るときは消費税が上乗せされて支払われることになっています。

たとえば、消費税が5％なら、地金を100円で買うとすると105円で買い、売るときは100円に消費税を足して105円で売れます。つまり、消費税は相殺されるのです。

もし、消費税が5％のときに購入したものを10％のときに売るとどうなるか。１０5円で買ったものを、１１０円で売れることになるので、５円分は得することになります。ただし、金は相場によって価格が変動します。相場が高いとき買ったものを、相場が低いときに売ると、当然損をしますので注意しましょう。

いろいろな金融商品について説明してきました。興味の湧いたものはありましたか？　よく勉強して自分にあった投資を選ぶとよいと思います。

もし、ひとつだけ私がお勧めするとするならば「株式投資」です。本書で書いてきたことを実践すると、50万円くらいの元手で毎月2～3万円は稼げると思います。

繰り返しますが、よく勉強してから始めること。株で成功している人によく聞くということを守ってください。

chapter 5
お金の貯め方、使い方、管理の仕方

[まとめ]

1 貧乏人は稼いで消費する。お金持ちは稼いで投資する。

2 「消費内容を把握」しなければ、いつまでもお金は貯まらない。

3 固定費と変動費を分けて考えるとムダを見つけやすくなる。

4 クレジットカードは1枚だけ持つ。ただし緊急時以外は使わない。

5 投資の意思決定を「正しく」するために、専門家のアドバイスが不可欠。

6 株式投資なら50万円くらいの元手で毎月2~3万円は稼げる。

おわりに

epilogue

本書では、私が実際に会ってきた100人以上の世界のお金持ちたちからの教えをお伝えしてきました。

私が実践し、うまくいった成功のノウハウも可能な限りご紹介しました。

あとは、**皆さんがどれだけ理解し、行動に移すか、にかかっています。**

本書で繰り返し述べてきましたが、最後にもう一度、人生で大切な3つのポイントをまとめておきます。

① Time is Everything.

時間がすべてです。 時間を大切にしてください。今この瞬間から「だらだらした人生を送らない」と誓ってください。そうすれば、あなたは、この瞬間から、スピーディーに成長できるでしょう。

② **Relationship changes Life.**

人脈が人生を変えます。お金を増やしたいのなら、人脈を見直すことです。あなたにとって有益な人とつきあい始めてください。周囲にいなければ、あなたから会いに行ってください。待っているだけでは、人脈はいつまでも今のままです。あなたのお財布の中身も変わらないでしょう。ひとたびお金持ちとの人脈ができれば、どんどんお金が増えるサイクルに入ることができます。

③ **I will do It.**

行動をしましょう。お金を増やすのも、幸せになるのも、自由な時間を手に入れるのも、すべて「行動」が左右します。あなたの目の前にある課題を解決できるのは「行動」だけです。やった人だけが成果を手にできるのです。

本書を最後まで読んでくださって感謝いたします。ありがとうございました。

サチン・チョードリー

重大な決断をするときは？

A 専門家のアドバイスを聞く

B 自分のカンを頼りにする

A → 莫大な富を得る **投資家タイプ**

B ↓

克服できない難題に直面したら？

A 成功するまでやり続ける！

B 諦める

A → 新しい価値を生み出す **起業家タイプ**

B

タイプごとの詳細・解説は、下記にて公開しています。
［サチン氏の音声アドバイス付き！］

http://www.forestpub.co.jp/type/

お金の増やし方タイプ別診断

START

思いがけない失敗でお金を失った…！

A 冷静に現状を把握

B 稼いで取り戻す

A

自分の苦手なことがあったら？

A 得意な人に任せる！

B 克服する！

A

B

B

新商品を開発することになったら？

A 市場のニーズに合わせる

B 自分の強みを活かす

A

「お金」と「やりがい」、仕事に求めるのは？

A 当然お金！

B やりがい重視！

A

B

B

趣味を活かしてお金を稼ぐなら？

A 段階的に収入化する

B 今すぐ会社を辞める

A

才能をお金に換える
スペシャリストタイプ

B

もう一度、
本書を最初から
読んでみよう

[著者プロフィール]

サチン・チョードリー　Sachin Chowdhery
1973年、ニューデリー生まれ。日本企業のインド事業開発支援、マーケティング支援、M&Aアドバイザリーを業務とするアバカス・ベンチャー・ソリューションズ代表取締役会長、鳥取県の地域活性化をミッションとする株式会社ITTR代表取締役社長。

そのほか、経営コンサルティング会社、IT関連会社など、いくつもの会社を経営。神戸情報大学院大学では教鞭をとる。

幼少時に父親の仕事の関係で初来日、バブル期の東京で過ごす。帰国後も当時のきらびやかな印象が忘れられず、1996年に再来日。言葉の壁や差別など不遇の日々を送るが、印僑大富豪から「ジュガール」の教えを受けたことが大きな転機に。

今では母国インドはもちろん、日本でも数多くの事業を成功に導く実業家、パナソニックやアクセンチュアなど大企業の異文化経営・異文化戦略を指導する国際コンサルタントとして活躍。8兆円企業のコンサルも請け負い、コンサルタントフィーはなんと時給70万円。

著書『大富豪インド人のビリオネア思考』(フォレスト出版)は、インドに伝わる成功法則「ジュガール」を初めて日本に伝え、ロングセラーに。

共著には『新興国投資 丸わかりガイド』(日本実業出版社)、シンガポールで出版された『WORLD-CLASS LEADERSHIP』(World Scientific Publishing)がある。

NHK「探検バクモン」、テレビ東京「カンブリア宮殿」、日本テレビ「NEWS ZERO」「news every.」、フジテレビ「なかよしテレビ」など、テレビ出演も多数。

世界のお金持ちがこっそり明かす
お金が増える24の秘密

2013年9月20日　初版発行

著　者　サチン・チョードリー
発行者　太田　宏
発行所　フォレスト出版株式会社
〒162-0824 東京都新宿区揚場町2-18　白宝ビル5F
電話　03-5229-5750(営業)
03-5229-5757(編集)
URL　http://www.forestpub.co.jp
印刷・製本　シナノ印刷株式会社

ISBN978-4-89451-584-0　Printed in Japan

『世界のお金持ちがこっそり明かすお金が増える24の秘密』

読者限定無料プレゼント

1 各界から推薦者多数のロングセラー『大富豪インド人のビリオネア思考』 PDF

Billionaire Mind
大富豪インド人のビリオネア思考
富と幸福を約束する「ジュガール」
テレビで話題沸騰！
「カンブリア宮殿」で注目！
カネなし、コネなし、カタコトの日本語から、時給70万円！
サチン・チョードリー著
人生を好転させたいなら……
自分の中の神を起こせ！
感謝の声、続々！（詳しくは裏面へ）
読者限定プレゼント！
「ジュガール」の秘密がわかる動画&PDF
フォレスト出版

推薦者

・出井伸之氏（ソニー元社長・会長兼CEO）
・浜島俊哉氏（カレーハウスCoCo壱番屋社長）
・青木恵子氏（レストランチェーン「BENIHANA」CEO）
・吉松徹郎氏（@cosmeを展開するアイスタイル社長）
・安藤美冬氏（TBS「情熱大陸」出演で注目されているノマドワーカー）

億万長者集団印僑の成功の法則
“ジュガール”を日本初公開！

「幸せ」「夢」「成功」「ビジネス」「お金」など、
あなたの人生をジュガールが変える―

本書読者限定で『大富豪インド人のビリオネア思考』の
一部をPDFファイルで無料プレゼント中！

2 世界の大富豪から学ぶ「投資家脳」育成WEBセミナー 動画

スマホ対応！

期間限定で
サチン・チョードリー氏が、
世界の大富豪から学んだ、
一生お金に困らないノウハウを動画で解説。
『世界のお金持ちがこっそり明かす
お金が増える24の秘密』の読者だけに、
貴重なWEBセミナーを**無料公開**！

今すぐ下記URLにアクセスしてください！

本書で紹介されている各種ワークシートも
下記サイトよりダウンロードすることができます。

http://www.forestpub.co.jp/24

❶グーグル、ヤフーなどの検索エンジンで「フォレスト出版」と検索
❷フォレスト出版のページを開きURLの後ろに半角で「24」と入力